これからの病院経営を担う人材

医療経営士テキスト

第2版

医療マーケティングと地域医療

患者を顧客としてとらえられるか

中 級【一般講座】

真野俊樹 編著

3

日本医療企画

はじめに

　医療においてマーケティングの重要性が説かれるようになって久しい。筆者も、2003(平成15)年の『医療マーケティング』(日本評論社)に始まり、特定検診や特定保健指導の概念を盛り込んだ2005(平成17)年の『健康マーケティング』(同)、介護の領域での2007(平成19)年の『介護マーケティング』(同)、そして2009(平成21)年には、『医療マーケティング(実践編)』(同)を上梓してきた。

　そのようななかで医療経営士・中級テキストのなかでも『医療マーケティングと地域医療——患者を顧客としてとらえられるか』という医療マーケティングのテーマが加えられた。

　筆者に執筆の依頼があったのだが、幸か不幸か、前述した『医療マーケティング(実践編)』を上梓したばかりでもあったため、本テキストの監修ということで企画に加わらせていただいた。

　幸いなことに、優秀な執筆者に恵まれ、非常に良いテキストができた。今回は10年を経てその改訂を行ったものである。

　内容を概説しよう。

　まず、多摩大学医療・介護ソリューション研究所フェローの薄井氏は現職のマーケティングコンサルタントでもあるが、その経験を生かし、マーケティングの考え方全般について触れていただいた(第1章)。題名は「マーケティング戦略」と銘打っているが、マーケティングの概念の基本から医療について分かりやすい解説をいただいた。

　従業員が満足していなければ、顧客である患者に良いケアを与えることはできない。患者満足は極めて重要だが、その裏にある従業員(職員)満足も重要である。

　そこで、患者満足度調査会社のケアレビュー社の加藤氏に、患者満足度調査や職員満足度調査の事例を解説していただいた(第2章「満足度調査」)。また3章では、多摩大学医療・介護ソリューション研究所フェローの吉田医師の本書初版での原稿をもとに、職員満足を中心に患者満足について具体的な方法にも言及した(第3章「従業員満足度と顧客満足度」)。この2つの解説で、患者満足と職員満足の関連およびその調査方法が理解できると思われる。

　ついで、マーケティングと並んで本テキストの大きなテーマである地域医療との関連について学ぶようにした。多摩大学医療・介護ソリューション研究所フェローの山田氏には、地域医療連携の重要性とサービスマネジメントの関連を解説していただいた(第4章「地域医療連携とサービスマネジメント」)。

　そして、マーケティングの世界で重要なブランドという概念について、本書初版での原

稿をもとに地域医療の視点も加えて解説し（第5章「ブランドと地域医療」）、ついで、第4章を解説いただいた山田氏に地域医療の中核病院としての、ネットを前提とした広報戦略を語ってもらい、海外事例を追加した（第6章「ネット戦略と地域医療」）。

　最後に、多摩大学医療・介護ソリューション研究所フェローで医師の水谷氏に、急性期病院での地域密着医療への取り組み事例を、マーケティング戦略の視点を盛り込みながら解説していただいた（第7章「民間急性期病院の地域密着型病院への試み」）。

　このように、本テキストはマーケティングの基本から始まり、医療機関で特に重要な患者満足・職員満足をポイントとして取り上げ、最後に地域医療連携との関連をサービスマネジメントの視点と地域への情報発信の方法論という視点で扱っている。最後の大学病院のケース以外にも事例がいくつか挿入されており、現場に即した分かりやすいテキストになったと自負している。そして、改訂により今回、現在の最新のテキストとして生まれ変わった。

　このテキストが、読者の皆さまのお役に立てば望外の喜びである。また、各筆者には優れた原稿を書いていただいた。この場を借りてお礼申し上げる次第である。

真野　俊樹

目 次
contents

はじめに ……………………………………………………………………………………ⅱ

第 **1** 章 マーケティング戦略

1 医療機関におけるマーケティングの重要性 ………………………… 2

2 マーケティング戦略を考えるときの一般的なフレームワーク… 6

3 ステップ1「現状分析と課題の検討」………………………………… 9

4 ステップ2「セグメンテーション／ターゲティング／ポジショ
ニングの設定」………………………………………………………16

5 ステップ3「マーケティング・ミックスの策定」…………………19

6 ステップ4「実行計画の策定」………………………………………24

第 **2** 章 満足度調査

1 満足度調査の意義 ……………………………………………………32

2 職員満足度調査 ………………………………………………………37

3 患者満足度調査 ………………………………………………………49

4 まとめ …………………………………………………………………61

第 **3** 章 従業員満足度と顧客満足度

1 従業員満足度・顧客満足度の概要 …………………………………68

2 職員満足度 ……………………………………………………………70

3 満足度の測定・分析、満足度向上施策の実施 ……………………73

4 患者満足度 ……………………………………………………………79

5 まとめ ………………………………………………………………… 83

第 4 章 地域医療連携と
サービスマネジメント

1 経営面から考察する地域医療連携 ………………………………… 90
2 地域医療連携とサービスマネジメント ……………………………… 96

第 5 章 ブランドと地域医療

1 なぜ、地域医療にブランド概念が必要なのか？ ………………… 104
2 ブランドとは何か？ ……………………………………………… 106
3 強いブランドとは？ ……………………………………………… 109
4 ブランドと地域 …………………………………………………… 112
5 ブランドと医療 …………………………………………………… 114
6 地域ブランドとしての地域医療 ………………………………… 116

第 6 章 ネット戦略と地域医療

1 IT時代のマーケティング ………………………………………… 124
2 ネット戦略の概要 ………………………………………………… 127
3 ネット戦略の方法 ………………………………………………… 129
4 ITマーケティング活用の米国の事例 …………………………… 132

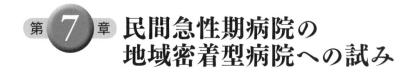

第7章 民間急性期病院の地域密着型病院への試み

1 高齢化に伴う医療の変化……………………………………140

2 社会状況の変化と地域医療……………………………………142

第1章

マーケティング戦略

1 医療機関におけるマーケティングの重要性
2 マーケティング戦略を考えるときの一般的なフレームワーク
3 ステップ1「現状分析と課題の検討」
4 ステップ2「セグメンテーション／ターゲティング／ポジショニングの設定」
5 ステップ3「マーケティング・ミックスの策定」
6 ステップ4「実行計画の策定」

1 医療機関における マーケティングの重要性

1 医療機関を取り巻く環境の変化

■（1）医療サービスの需要は量的拡大からサービスの質の向上へ

　近年、社会や経済の変化、患者の価値観の変化、情報技術の進歩など医療を取り巻く環境は大きく変わってきている。

　社会保障制度は財政的に厳しい状況にあり、医療費は少子高齢化社会の進展により、経済成長を上回るほどの増加傾向にある。長期的に医療制度を維持・継続していくことが国政上の重大な課題となっている。

　また、医療を受ける側である患者においては、少子高齢化社会の進展や生活水準の向上、医学の進歩、食習慣の変化などを通じて、生活習慣病といわれる心疾患、脳卒中、がんなどが死因の上位を占めるようになってきた。そして、情報技術の進展によって医学に関する知識の共有が進み、個人の権利意識や安全意識が急速に高まってきた。これらによって、患者一人ひとりのニーズが高度化し、また多様化するという結果をもたらすこととなった。

　そして、医療を提供する側である医療機関の数は経済成長とともに急速に増え続けてきた。また、医療提供体制の見直しや診療報酬改定などの医療制度の改革が進むにつれ、従来のような医療サービスの量的拡大からサービスの質の向上が求められるようになってきた。

■（2）医療機関の倒産件数増加と収益確保の必要

　「『営利を目的としない』民間非営利部門である医療法人であっても事業を継続して遂行するために必要な収益を出すことは当然であり、このことは『営利を目的としない』という考えと何ら矛盾するものではない」と厚生労働省の「医業経営の非営利性等に関する検討会報告書」（2005〈平成17〉年7月22日）にあるように、医療機関においても事業継続に必要な収益を出すことが求められている。

　これらのような医療を取り巻く環境の変化を背景に、提供される医療サービスの質に対するさらなる向上や、経営の効率化による収益性の確保というような経営努力が医療機関においても重要になってきた。

「医療サービスの質に対するさらなる向上」と「経営の効率化による収益性の確保」というものは一見相反するようなものととらえられるだろう。しかし、それらの相反すると思われる課題に対して、1つの方向性を見いだしてくれるのがマーケティングという考え方である。

2　マーケティングとは

日本マーケティング協会による定義は「マーケティングとは、企業および他の組織がグローバルな視野に立ち、顧客との相互理解を得ながら、公正な競争を通じて行う市場創造のための総合的活動である」となっている。

もう少し分かりやすく表現すると「マーケティングとは、顧客のニーズを理解して、売れる仕組みをつくること」であり、医療においては「患者のニーズを理解して、満足される医療を提供する仕組みをつくること」といえる。

3　マーケティングの定義とその変遷

マーケティングの概念や定義は社会環境の変化とともに変わってきた。それは、アメリカのマーケティング協会（AMA）の定義の変遷に表れている。

AMAにおいて、1960（昭和35）年の定義では「マーケティングとは、生産者から消費者または使用者への商品およびサービスの流れの方向を定める企業活動の遂行である」とされていたが、1985（昭和60）年の定義では「マーケティングとは、個人や組織の目的を満たす諸交換を生み出すために、アイディア、商品、サービスのコンセプト、価格付け、販売促進、流通を計画し、実行するための過程である」とされた。

そして、2004（平成16）年の定義では「マーケティングとは、組織とその利害関係者の利益となるように、顧客に価値を創造・伝達・流通し、顧客との関係を管理するための組織的な機能や一連の過程である」と、新たに「顧客関係管理」という新しい概念を持った定義に変更された。2007（平成19）年の定義では「マーケティングとは、顧客、依頼人、パートナー、社会全体にとって価値のある提供物を創造・伝達・流通・交換するための活動、一連の制度、過程である」と直接的な利害関係者だけではなく、広く社会全体の価値という視点も加わった。

このようにマーケティングの位置付けは、商品・サービスといった売り手の視点から、市場の創造や顧客関係管理といったより買い手の視点へ変遷し、さらには社会的責任（CSR）といった公益的な視点も加わり、ソーシャル・マーケティングの概念も重要とされるようになってきた（図1-1）。

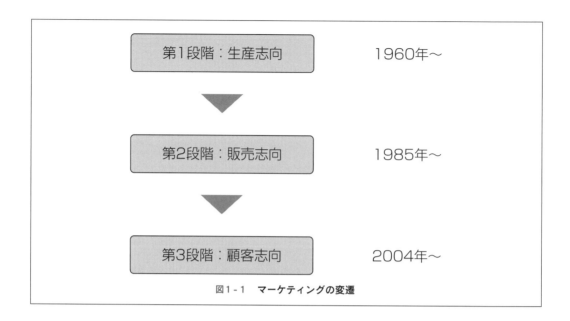

図1-1　マーケティングの変遷

4　マーケティング・コンセプト

（1）生産志向

需要が供給を上回っている場合に、容易かつ手頃な価格で入手できることを狙いとしている。生産性と流通の効率化が課題である。

（2）製品指向

価格に対して、最も品質が良く、性能が良い製品づくりを狙いとしている。品質と性能を追求するが、「良い製品をつくりさえすれば」と近視眼的なマーケティングにもなりやすい。

（3）販売志向

消費者は販売努力が十分になければ購入しないという考え方である。販売技術の向上が課題であるが、顧客は二の次のような販売は、長期的には市場の荒廃につながりやすい。

（4）マーケティング志向

販売志向は既存製品、既存条件が出発点であるのに対し、マーケティング志向は標的市場のニーズ、ウォンツを出発点としている。標的市場のニーズ、ウォンツを明確にし、競争相手より効率的、効果的に顧客満足を得る。

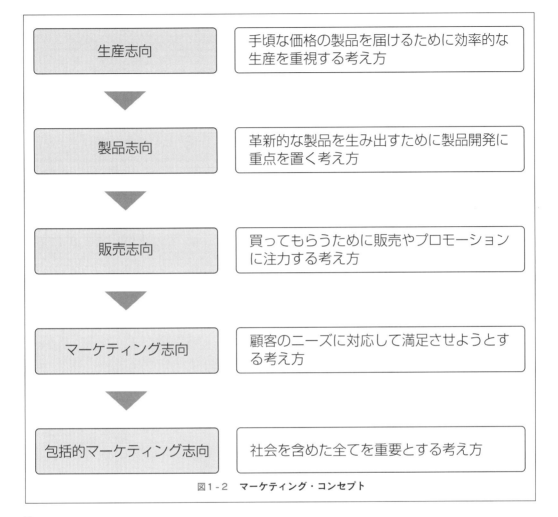

生産志向	手頃な価格の製品を届けるために効率的な生産を重視する考え方
製品志向	革新的な製品を生み出すために製品開発に重点を置く考え方
販売志向	買ってもらうために販売やプロモーションに注力する考え方
マーケティング志向	顧客のニーズに対応して満足させようとする考え方
包括的マーケティング志向	社会を含めた全てを重要とする考え方

図1-2　マーケティング・コンセプト

(5)包括的マーケティング志向

　環境破壊、資源の枯渇、爆発的な人口増加などの社会環境の変化を背景として、標的市場のニーズ、ウォンツを明確にし、消費者および社会の長期的な利益に配慮しながら、競争相手より効率的、効果的に顧客満足を得る。

2 マーケティング戦略を考えるときの一般的なフレームワーク

1 フレームワークの重要性

　マーケティング戦略を策定する上で、フレームワークの活用は有用であるといえる。フレームワークとは「枠組み」のことをいうが、マーケティングで活用されるフレームワークは「それぞれが重複することなく、全体として漏れがない」ように設計されている（図1-3）ため、マーケティング戦略を考えていく上で道標のような役割を担うことになる。

　特に「それぞれが重複することなく、全体として漏れがない」状態のことをMECE（Mutually Exclusive, Collectively Exhaustive）と表現し、「ミーシー」もしくは「ミッシー」という。

2 マーケティング戦略の策定プロセス

　マーケティング戦略を策定するプロセスは、次のように行われる（図1-4）。

■重複や漏れがある状態

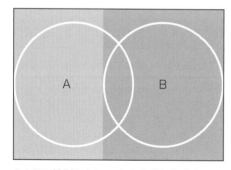

A＋Bで検討したいことの全体にならない
（漏れあり）
AとBで重複している
（重複あり）

■重複や漏れがない状態（MECE）

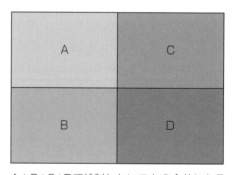

A＋B＋C＋Dで検討したいことの全体になる
（漏れなし）
A、B、C、Dで重複していない
（重複なし）

図1-3　重複や漏れのある状態、ない状態

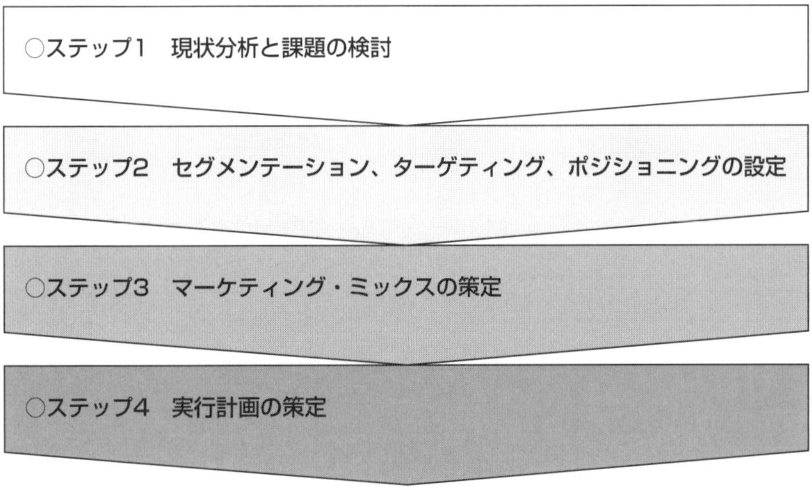

図1-4　マーケティング策定プロセス

ステップ1　現状分析と課題の検討

　市場・顧客(Customer)と競合(Competitor)と自社(Company)の3つの視点で現状分析(3C分析)をし、外部要因:市場の機会(Opportunities)や脅威(Threats)、内部要因:自社の強み(Strengths)や弱み(Weaknesses)の整理を行い、マーケティング上の課題を洗い出す(SWOT分析)。

　そして、理念やビジョン、経営計画、経営資源などを考慮しつつ、マーケティング目標を設定する。

ステップ2　セグメンテーション、ターゲティング、ポジショニングの設定

　ステップ1で設定したマーケティング目標に対して、どのようにアプローチしていくのかを検討する。

　効果的なマーケティングを行うためには、市場を細分化(セグメンテーション)し、優位に立てるセグメントを選択(ターゲティング)し、そのターゲットに対して競合より相対的に魅力的であると感じてもらうためにサービスの位置付けを明確化(ポジショニング)することが重要である。市場のすべての顧客に対して等しく価値を提供することは現実的には難しいからだ。

ステップ3　マーケティング・ミックスの策定

　ステップ2で設定したターゲットに対して、マーケティング目標を達成するために実施するマーケティング施策の組み合わせ(マーケティング・ミックス)を検討する。

従来のマーケティング・ミックスは製品（Product）、価格（Price）、流通（Place）、販売促進（Promotion）の4Pをベースに検討されてきたが、顧客志向の高まりにより顧客価値（Customer value）、顧客コスト（Cost to the customer）、利便性（Convenience）、コミュニケーション（Communication）の4Cをベースに検討されるようになってきている。

ステップ4　実行計画の策定

ステップ3にて設定したマーケティング・ミックスの実現に向けて、目標（ゴール）の設定と、誰（Who）が、何（What）を、いつまで（When）に、どのように（How）、どのくらいのコスト（How much）で実施するのかについて、具体的な実行計画を策定する。

それでは次節から、マーケティング戦略を策定するプロセスの詳細について、活用されるフレームワークとともに解説する。

❸ ステップ1「現状分析と課題の検討」

1 現状分析のプロセス

現状分析では3Cの視点、すなわち市場・顧客(Customer)と競合(Competitor)と自社(Company)の3つの視点に分けて分析を行う(図1-5)。

市場分析はマクロ環境分析、ミクロ環境分析の視点で行われる。また、競合分析と自社分析はそれぞれ絶対的に判断することが難しいため、比較して分析されることが多い。

2 現状分析を行うときの注意点

(1)情報収集や分析が目的となってしまう

単に情報収集をしているだけで終わっている場合がある。それでは、収集された情報についてのグラフや表の羅列になってしまい、何も示唆を得られない。現状分析は収集された情報を基に課題を提示し、アクションにつなげることが目的である。

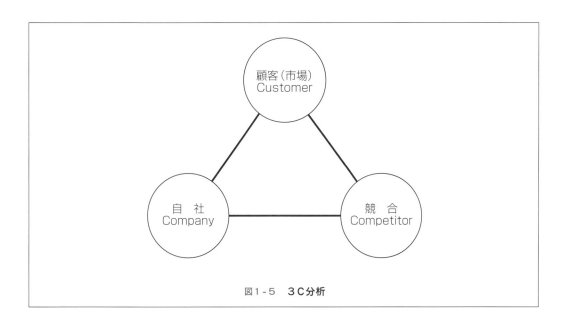

図1-5 3C分析

（2）収集される情報が偏ってしまう

　自院の情報と比較すると競合の情報や市場の情報は集めにくいため、自院の情報収集が中心となってしまう。その結果、自院の情報だけで戦略が策定されてしまい、本当に改善すべき点を見逃してしまうおそれがある。

3　市場分析について

（1）マクロ環境分析

　マクロ環境分析では、医療機関がコントロールすることはできないが、医療機関の活動に影響があるものについて分析を行う。代表的なフレームワークとしては、政治・法律（Political environment）、経済（Economic environment）、社会（Social environment）、技術（Technological environment）の頭文字をとったPEST分析がある（表1-1）。

　マクロ環境分析で重要なのは、環境の変化によって事業の成功要因がどのように変わるのかを見逃さず、その変化に対していち早く対応するための示唆を得ることである。その変化が機会であればどのように活用するのか、その変化が脅威であればどのように回避するのかということを考えながら分析する必要がある。

表1-1　PEST分析

視点	分析内容例
政治・法律	政策転換、ジェネリック促進政策、医療広告規制など
経　済	経済不況、診療報酬改定、DPC 制度など
社　会	医師・看護師不足、病院統廃合、医療事故・訴訟、少子高齢化、地域医療構想、病診連携、チーム医療、フォーミュラリー、タスクシフティング、感染症対策など
技　術	治療法の確立、画期的な新薬誕生、遺伝子診断技術、遠隔医療、AI による診療サポート、その他 IT 技術革新など

（2）ミクロ環境分析

　ミクロ環境分析では、自院の置かれている環境を、競争を支配する要因ごとに分析する。代表的なフレームワークとしては、マイケル・E・ポーターのファイブフォースがある（図1-6）。

（1）医療機関間の競争関係

　該当する診療圏における医療機関の間での競争をいう。

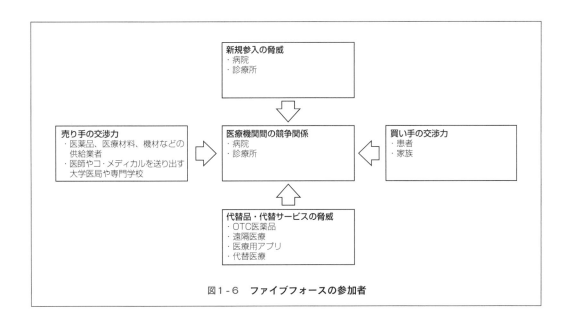

新規参入の脅威
・病院
・診療所

売り手の交渉力
・医薬品、医療材料、機材などの供給業者
・医師やコ・メディカルを送り出す大学医局や専門学校

医療機関間の競争関係
・病院
・診療所

買い手の交渉力
・患者
・家族

代替品・代替サービスの脅威
・OTC医薬品
・遠隔医療
・医療用アプリ
・代替医療

図1-6　ファイブフォースの参加者

　診療圏の医療の需要が少ない場合や医療サービスの供給が多い場合、競争関係は激化する。

　2019年1月の厚生労働省の「公立・公的病院の再編統合」に関する通知のように、マクロ環境の変化がミクロ環境へ大きな影響を及ぼすことがある。

(2)売り手の交渉力

　売り手とは、医療を行うための医薬品、医療材料、機材などの供給業者や医師やコ・メディカルを送り出す大学医局、専門学校などの人材供給源をいう。

　売り手の交渉力は、売り手が少ない場合や売り手が病院にどっぷりと入り込んでいる場合に強くなる。売り手の交渉力が強い場合は、仕入れコストが増加することになる。

　2018年4月に運用が開始された「医療用医薬品の流通改善に向けて流通関係者が順守すべきガイドライン」(流通改善ＧＬ)による医薬品卸との納品価格交渉の変化のように、マクロ環境の変化がミクロ環境へ大きな影響を及ぼすことがある。

(3)買い手の交渉力

　買い手とは、患者やその家族などをいう。

　買い手の交渉力は、買い手の選択肢が多い場合やスイッチングコスト(乗り換えコスト)が低い場合、もしくは権利意識が高い場合に強くなる。買い手の交渉力が強い場合には、他医療機関を選択され売り上げが減少するか、過剰品質の提供によるコストが増加することになる。

　これまでは「情報の非対称性」による情報格差が大きく、買い手の交渉力は限定的であった。しかし、マスメディアやインターネットによる情報提供の拡大に伴って買い手との情報格差が縮小するため、買い手の交渉力は強くなると想定される。また、モンスター化した患者や家族による対応コストの発生も注意が必要になる。

（4）新規参入の脅威

新規参入とは、他の医療機関が参入することをいう。

新規参入の脅威は、業界の成長度合いが高い場合、もしくは参入障壁が低い場合に強くなる。新規参入が増えると競争相手が増えるため、競争が激しくなり、収益性に影響を及ぼす。

これまでは医療制度や医療計画によって、新規参入は非常に限定されていた。しかし、情報通信機器・技術の進展に伴い従来の規制が緩和されつつあり、これからは新規参入に関しても十分な考察が必要になる。

（5）代替品・代替サービスの脅威

代替品・代替サービスとは、OTC医薬品や代替医療などをいう。

代替品・代替サービスの脅威は、同サービスの開発が活発な場合、もしくは参入障壁が低い場合に強くなる。代替品・代替サービスが出現すると、業界規模自体の縮小につながり、収益性に影響を及ぼす。

これまでは医療制度によって、代替品・代替サービスは非常に限定されていた。しかし、情報通信機器・技術の進展に伴い従来の規制が緩和されつつあり、これからは代替品・代替サービスに関しても十分な考察が必要になる。

4　競合分析・自社分析

（1）ベンチマーク分析

「ベンチマーク」とは、本来は測量において利用する水準点を示す言葉である。ベンチマーク分析では、自院と他の医療機関との指標を比較し、改善すべき点や目標とする数値を明らかにする。ベンチマーク分析は、売り上げ、コスト、効率性などの経営指標だけではなく、院内死亡率や再入院率などの医療の質に関する指標に対しても行うことが重要である。

医療機関において、ベンチマークできる経営指標を公開している既存のデータには、厚生労働省の「医療経済実態調査」「病院経営指標（医療法人病院の決算分析）」「病院経営収支調査年報」「主要公的医療機関の状況」がある。その他にも、全国公私病院連盟や全国自治体病院協議会、全日本病院協会など、いろいろな団体・機関でベンチマークできる参考データを公開している。

（2）バリューチェーン分析

ベンチマーク分析のような経営の結果に関する分析だけではなく、その差を生みだした原因を探るための分析も重要である。その際に活用されるフレームワークがマイケル・E・ポーターのバリューチェーン（価値連鎖）分析である（図1 - 7）。

　提供するサービスにおいて、価値を提供する活動単位ごとに分けて、どのような主要活動、支援活動があるかを分析し、競合と比較することで、どの部分で差が発生しているのかを把握することができる。

　医療機関におけるバリューチェーンは、価値を提供する部門ごと（図1-8）や診療・治療のステージごと（図1-9）で分析することができる。これらのバリューチェーン上のどこで自院の競争優位性を発揮するのかを検討する。

5 　課　題

　自院を取り巻く環境について現状分析を行い、市場の変化や競合の対応を明らかにした上で機会を見つけだし、いち早くその機会をつかみ成長につなげるための対応を考える必要がある。そのときに使われるフレームワークとしてSWOT分析がある。

　SWOT分析では、現状分析で見えてきた状況を下記のように分けて整理を行う（図1-10）。
・自院がコントロールできる（内部要因）か、できない（外部要因）か。
・自院にとってポジティブな要因か、ネガティブな要因か。

　ただし、自院にとってポジティブとしてとらえるか、ネガティブとしてとらえるかは相対的なものであり、顧客や競合の設定によって変わるので注意が必要である。

　市場の機会（Opportunities）や脅威（Threats）、自社の強み（Strengths）や弱み（Weaknesses）の整理ができたら、それぞれの項目に対してどのような戦略をとるのか検討することで、マーケティング上の課題を明確にする（表1-2）。

表1-2　SWOT分析による戦略検討マトリックス

		外部要因	
		機　会 （Opportunities）	脅　威 （Threats）
内部要因	強　み （Strengths）	自社の強みで取り込める事業機会の創出	自社の強みで脅威を回避または事業機会の創出
	弱　み （Weaknesses）	自社の弱みで事業機会を取りこぼさないための対策	自社の弱みと脅威で最悪の事態を招かない対策

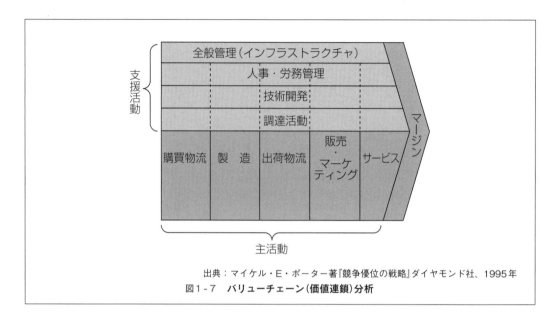

出典：マイケル・E・ポーター著『競争優位の戦略』ダイヤモンド社、1995年

図1-7 バリューチェーン（価値連鎖）分析

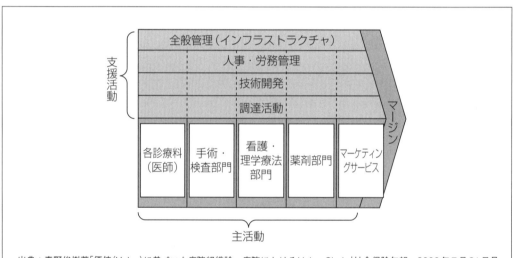

出典：真野俊樹著「価値（Value）に基づいた病院組織論―病院における Value Chain」社会保険旬報、2000年7月21日号

図1-8 医療機関におけるバリューチェーン（部門別）

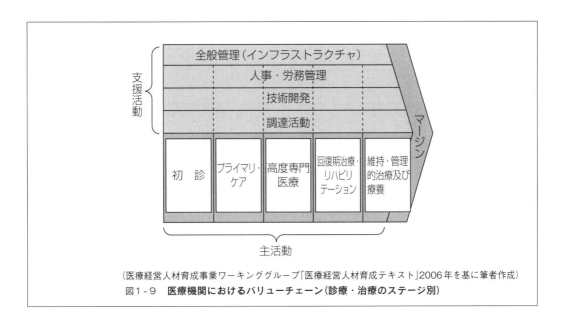

（医療経営人材育成事業ワーキンググループ「医療経営人材育成テキスト」2006年を基に筆者作成）

図1-9　医療機関におけるバリューチェーン（診療・治療のステージ別）

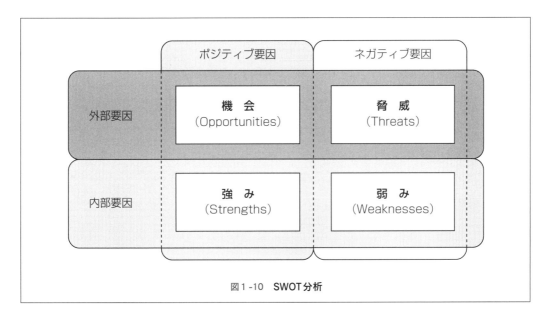

図1-10　SWOT分析

4 ステップ2「セグメンテーション／ターゲティング／ポジショニングの設定」

　次は、現状分析によって設定されたマーケティング目標を達成するために、自院においてどのような患者に対してどのような医療サービスを提供するのかを設定する。

1 セグメンテーション

　市場におけるすべての顧客に対して、等しくサービスを行うことは効果的ではない。顧客のニーズは一様ではないため、等しいサービスに対して顧客が同じ価値を感じることはない。また経営資源も限りがあるため、すべての顧客に対してサービスを行うことは難しい。そこで顧客を絞り込み、的確に顧客のニーズに対応することが必要となる。

　このように顧客を絞り込むために、市場を細分化することをセグメンテーションといい、細分化された市場をセグメントという。セグメンテーションは、統計データや市場調査データを基に行われる。セグメンテーションをする際には、変数として地理的変数、人口動態変数、心理的変数、行動変数が組み合わせられる。

・地理的変数（ジオグラフィック変数）

　地区（地域や都市など）、エリア特性（都市部、郊外、地方など）など。

・人口動態変数（デモグラフィック変数）

　年齢、性別、家族構成、世代、所得、職業、教育水準など。

・心理的変数（サイコグラフィック変数）

　価値観、パーソナリティ、ライフスタイルなど。

・行動変数

　利用状況、利用経験など。

　医療機関の場合は、診療圏を中心にしたセグメンテーションを行うことが多いが、上記の変数を用いることで新たなセグメンテーションが可能である。

2 ターゲティング

　セグメントごとの特徴を把握したところで、具体的にどのセグメントを対象にするのかの選定を行うことをターゲティングという。

セグメントへのアプローチの仕方によって、大きく3つの基本となるマーケティング戦略がある。

(1)アプローチ別マーケティング戦略

・非差別化マーケティング

市場全体をターゲットとし、1つのマーケティング・ミックスを策定する。マス・マーケティングともいわれる。

コストを抑えることができるが、平均化されたニーズしか満たせないため、市場機会を逃すことが多い。

・差別化マーケティング

複数のセグメントに対し、それぞれサービスとマーケティング・ミックスを策定する。

各セグメントのニーズに対応できるため、市場機会を逃すことが少なく売り上げを増加させることができるが、一方コストは増加することになる。

・集中化マーケティング

あるセグメントを選択し、経営資源を集中させる。集中させることで経験効果が発揮され、優位性を築くことができるが、規模の拡大は難しい。

(2)ターゲット選定

基本となるマーケティング戦略を選択したら、具体的なターゲットを選定する必要がある。選定に使われるフレームワークとして6Rがある。

①市場規模(Realistic scale)

事業が成立する市場規模を確保できるかどうか。

②成長性(Rate of growth)

市場規模が縮小しないかどうか。

③競合状況(Rival)

既存の競合企業と十分に争えるかどうか。

④顧客の優先順位(Rank)

優先的にアプローチすべきセグメントはないか(オピニオンリーダーや口コミの観点)。

⑤到達可能性(Reach)

マーケティングにおける活動がマーケティング目標に到達するかどうか。

⑥反応の測定性(Response)

プロモーション・ミックスの効果検証ができるかどうか。

上記の6Rに加え、自院の経営資源の制約条件や法規制などの環境要因を加味して検討を行う。

3　ポジショニング

　自院や提供する医療が競合よりも魅力的であると、ターゲットに対してどのように認知させるかを明確化することをポジショニングという。ターゲットのニーズを満たす医療であり、競合に比べ優れていたとしても、その価値がターゲットにうまく伝わらなければ意味がないといえる。

　そのための位置付けを見いだすために、2軸のポジショニング・マップで表現することが多い（図1-11）。

① ターゲットにおける価値は何か。

② ①の価値において、自院が競合と比べて優位性や独自性を発揮できる価値は何か。

③ ②の価値を軸にして自院や競合が提供しているサービスを展開し、差別化ポイントを明確にする。

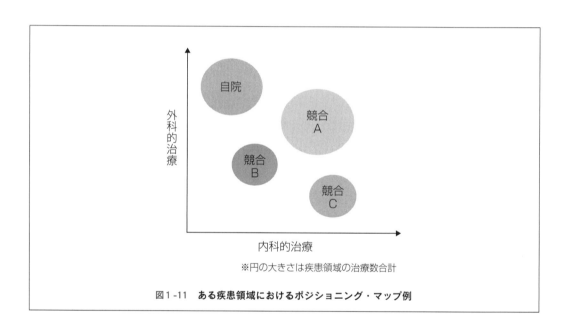

図1-11　**ある疾患領域におけるポジショニング・マップ例**

❺ ステップ3「マーケティング・ミックスの策定」

1 売り手側の視点である4Pから買い手側の視点である4Cへ

　マーケティング・ミックスのフレームワークの代表的なものは、ジェローム・マッカーシーが提唱した、製品（Product）、価格（Price）、流通（Place）、販売促進（Promotion）からなる4Pである。

　しかし、マーケティングに関する考え方が販売志向から顧客志向に変遷するに従い、売り手側の視点である4Pから買い手側の視点である4Cが考えられるようになった。4Cとは、ロバート・ラウターボーンによって提唱された顧客価値（Customer value）、顧客コスト（Customer cost）、利便性（Convenience）、コミュニケーション（Communication）からなる。それぞれ4Pに対して以下のような形で対応している（図1-12）。

①顧客価値

　顧客価値は、診療や治療における専門性や信頼性、治療方法や検査の選択幅などの直接医療行為に関するものだけではなく、診察の丁寧さ、職員の接遇の良さ、施設設備の充実度・清潔さなど、直接医療行為に関係しないものも該当する。

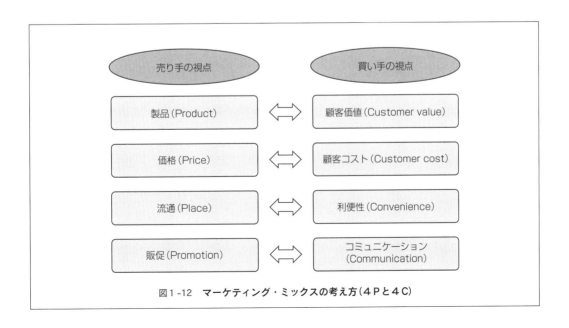

図1-12　マーケティング・ミックスの考え方（4Pと4C）

②顧客コスト

顧客コストは、保険の適用の有無で大きく変わる。保険が適用される場合は、受診回数や受付・診療・薬剤受取の待ち時間や手間などが該当する。また、保険が適用されない場合は治療費が該当する。

③利便性

利便性は、交通の便や駐車場の有無などの通院に関するもの、診療時間の長さや予約制などの時間の融通に関するもの、または保育室の有無など使い勝手に関するものなどが該当する。

④コミュニケーション

コミュニケーションは、診療・治療に関する情報提供に限らず、医療を提供する医療機関や医師に関する情報、疾患や治療法に関する情報などさまざまな情報が該当する（表1-3）。

表1-3　情報の入手先

（単位：％）　　　　　　　　　　　　　　　　　　　　　　　　　　　　　　　　　　　　　　　平成29年

| | 総数 | 情報を入手している | 情報の入手先（複数回答） | | | | | | | | | | 特に情報は入手していない | 無回答 |
			医療機関の相談窓口	医療機関が発信するインターネットの情報	医療機関の看板やパンフレットなどの広告	行政機関の相談窓口	行政機関が発信するインターネットの情報（医療機能情報提供制度など）	行政機関が発行する広報誌やパンフレット	医療機関・行政機関以外が発信するインターネットの情報（SNS、電子掲示板、ブログの情報を含む）	新聞・雑誌・本の記事やテレビ・ラジオの番組	家族・知人・友人の口コミ	その他		
外来	100.0	77.7（100.0）	（16.3）	（21.1）	（5.0）	（2.3）	（3.4）	（3.3）	（12.0）	（5.3）	（70.6）	（10.5）	17.2	5.1
入院	100.0	82.6（100.0）	（23.9）	（15.8）	（6.5）	（5.6）	（3.1）	（3.7）	（9.8）	（6.1）	（71.9）	（12.1）	14.1	3.3

出典：厚生労働省「平成29年受療行動調査の概況」2018年

2　純顧客価値

フィリップ・コトラーは、「コトラー＆ケラーのマーケティング・マネジメント」の中で、顧客は「純顧客価値＝総顧客価値－総顧客コスト」が最大になるものを求めるとしている（図1-13、表1-4）。

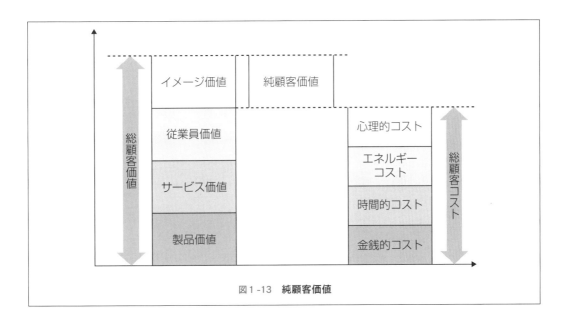

図1-13　純顧客価値

表1-4　医療における総顧客価値と総顧客コストの内容

純顧客価値＝総顧客価値－総顧客コスト		
総顧客価値	製品価値	医療行為そのものの価値（専門性、効果、安全性、医療機器の充実など）
	サービス価値	医療行為に付随したサービスの価値（十分な説明、治療方法のオプションの豊富さ、診療時間の長さ、予約対応、入院施設の充実など）
	従業員価値	医師の経験、接遇、話しやすさやコ・メディカル、職員の接遇などによる価値
	イメージ価値	医療機関のブランドや治療方針などのイメージによる価値
総顧客コスト	金銭的コスト	診療費用、入院費用など
	時間的コスト	受付・診察・検査・治療・調剤時の必要な時間、投薬の回数・手間など
	エネルギーコスト	適切な診療機関・診療科の確認の労力、医療機関への通院に必要な労力など
	心理的コスト	受診・検査・治療時の不安や恐怖などのストレスなど

3　マーケティング・コミュニケーション

　どれだけ素晴らしい医療サービスも顧客に適切に認知されなければ、顧客に選ばれることはない。

（1）購買行動プロセス

　コミュニケーションを設計する上で、顧客がサービスを受けるまでの過程（購買行動プロセス）を考えることは重要である。

　そもそも自院やそのサービスについて知っているのか、現在通院を検討している、あるいは通院したことがあるなど、顧客が購買行動プロセスにおけるどの段階にいるかにより、次のプロセスへ移行させるための適切なコミュニケーションが変わってくる。

・AIDMAとAMTUL

　購買行動プロセスとして有名なフレームワークがAIDMA（アイドマ）やAMTUL（アムトゥル）などである。

　AIDMAとは、注意（Attention）、関心（Interest）、欲求（Desire）、記憶（Memory）、行動（Action）という顧客の購買行動プロセスの頭文字を並べた言葉である（図1-14）。

　AIDMAが短期的な購買行動プロセスを説明するのに対して、AMTULは、消費者のより長期的な態度の移り変わりに着目している。AMTULとは、認知（Aware）、記憶（Memory）、試用（Trial）、本格的使用（Usage）、ブランド固定（Loyalty）という顧客の購買行動プロセスの頭文字を並べた言葉である（図1-15）。

　AIDMAとAMTULの使い分けは、施設設立時の新規顧客の確保というような短期的な購買行動プロセスにおけるコミュニケーションの設計・改善が課題なのか、それともブランド固定を目指しリピート顧客を増やすなど長期的な購買行動プロセスにおけるコミュニケーションの設計・改善が課題なのか、マーケティングの課題に応じて行われる。

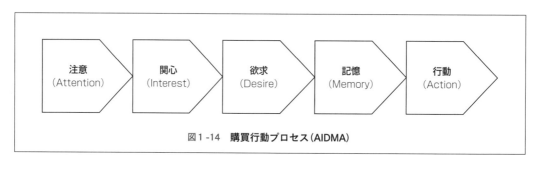

図1-14　購買行動プロセス（AIDMA）

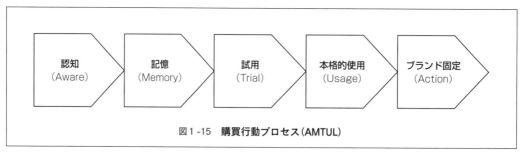

図1-15　購買行動プロセス（AMTUL）

・AISASとAISCEAS

　近年では、インターネットや携帯電話などの情報技術の進展や顧客自身の権利意識や安全意識の高まりにより、顧客が自ら情報収集・発信をするようになった。そこで新しく

AISAS（アイサス）やAISCEAS（アイセアス）という購買行動プロセスが考えられるようになった。

AISASとは、注意（Attention）、関心（Interest）、検索（Search）、行動（Action）、共有（Share）というプロセスであり、検索（Search）と共有（Share）が加わっている（図1 -16）。

AISCEASとは、注意（Attention）、関心（Interest）、検索（Search）、比較（Comparison）、検討（Examination）、行動（Action）、共有（Share）というプロセスであり、比較（Comparison）、検討（Examination）が加わっている（図1 -17）。

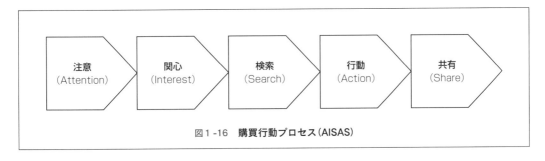

図1 -16　購買行動プロセス（AISAS）

図1 -17　購買行動プロセス（AISCEAS）

・DECAX

近年、顧客視点における消費行動プロセスでDECAX（デキャックス）というモデルが考えられるようになった（図1 -18）。

DECAXとは、発見（Discovery）、関係（Engage）、確認（Check）、行動（Action）、体験（eXperience）というプロセスであり、従来のサービス提供者視点の注意（Attention）、関心（Interest）が、顧客視点の発見（Discovery）、関係（Engage）に変更された。

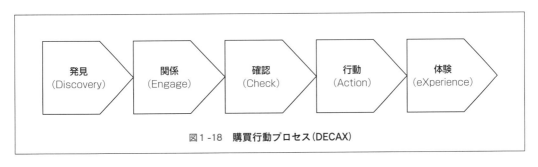

図1 -18　購買行動プロセス（DECAX）

6 ステップ4「実行計画の策定」

　マーケティング・ミックスを策定した後は、具体的なマーケティング活動の実行計画の策定が必要となる。どれほど優れたマーケティング戦略が策定されても、それが実行されなければ意味がない。実行計画の策定では、目標を明示すること、その手段としての戦略を自院の職員が具体的に実行できるようにアクションに落とし込むことが必要となる。

1　目標（ゴール）の明示

　実行計画を策定する上では、目標（ゴール）はそれが達成されたかどうか測ることができるように設定することが重要である。そのためには「いつまで」という納期と「どれだけ」という定量的な数字を明示することが必要である。

　「○○でNo.1になる」というのは目標としては一見分かりやすいが、定量的に測ることができなければ、達成したかどうか分からないし、あとどれだけ努力すれば達成できるのかも分からない。

2　アクション計画の策定

　具体的な目標が明らかになったら、達成までのプロセスやシナリオを明らかにして、アクション計画を策定する。

　アクション計画の策定では次の2つが重要である。

(1)目標と全体のアクションの整合性

　すべてのアクションを実行できれば、目標達成できるようにそれぞれのアクションが設計されているかどうかを判断する。また、設計されたアクションが実行不可能ではないかを検証する。

(2)アクションごとの7W2H1Gの明確化

　アクション一つひとつに対して、下記の内容が明らかになっていることが重要である。
・なぜ行うのか（Why）

・どのような状態にするのか(Goal)

・いつ・いつまでに行うのか(When)

・どこで行うのか(Where)

・誰が行うのか(Who)

・誰に対して行うのか(Whom)

・何を行うのか(What)

・どちらを優先して行うのか(Which)

・どのように行うのか(How)

・どのくらい(コスト)かけるのか(How much ／ long)

3 まとめ

　マーケティング戦略は、策定したらそこで終わりではない。市場環境は常に変化し続け、競合環境も常に変化し続ける。環境が変化すれば、自院としての戦略も変化させていく必要があるからである。マーケティング戦略は常に実行・検証・修正を繰り返していくことで、より良い戦略に近づいていく。

問題 1　ファイブフォースの説明について、次の選択肢のうち正しいものを1つ選べ。

〔選択肢〕

①医療圏の需要が多い場合、医療サービスの供給が少ない場合に競争関係は激化する。

②売り手の交渉力の「売り手」とは、医療サービスを提供する病院や診療所のことをいう。

③買い手の交渉力の「買い手」とは、医療サービスを提供する病院や診療所のことをいう。

④新規参入が増えると競争相手が増えるため、競争が激しくなり、収益性に影響を及ぼす。

⑤代替品・代替サービスの脅威にはOTC医薬品や代替医療は含まれない。

確認問題

解答 1　④

解説 1

①×：医療圏の需要が少ない場合、医療サービスの供給が多い場合に競争関係は激化する

②×：売り手の交渉力の「売り手」とは、医療を行うための医薬品、医療材料、機材などの供給業者や医師やコ・メディカルを送り出す大学医局や専門学校などの人材供給源をいう。

③×：買い手の交渉力の「買い手」とは、患者やその家族などをいう。

④○：選択肢の通り。

⑤×：代替品・代替サービスの脅威にはOTC医薬品や代替医療が含まれる。

問題2 マーケティング・ミックスに関するフレームワークである4Cについて、以下の選択肢のうち含まれない視点を1つ選べ。

〔選択肢〕

①顧客価値（Customer value）

②競合（Competitor）

③顧客コスト（Customer cost）

④利便性（Convenience）

⑤コミュニケーション（Communication）

解答 2　②

解説 2

　プロモーション・ミックスのフレームワークである４Ｐの視点と対比して覚えるとよい。

①×：含まれる。製品(Product)と対比して覚える。

②○：含まれない。

③×：含まれる。価格(Price)と対比して覚える。

④×：含まれる。流通(Place)と対比して覚える。

⑤×：含まれる。販売促進(Promotion)と対比して覚える。

第2章

満足度調査

1 満足度調査の意義
2 職員満足度調査
3 患者満足度調査
4 まとめ

満足度調査の意義

1　サービス・プロフィット・チェーン

　はじめに、「サービス・プロフィット・チェーン」というチャートを紹介しよう。このチャートは、ハーバードビジネススクールのヘスケット教授らによって考案された。顧客・従業員・サービスや商品がどのような関係を構築すれば企業や組織の利益・成長につながるのかを示したモデルである[1]（図2-1）。

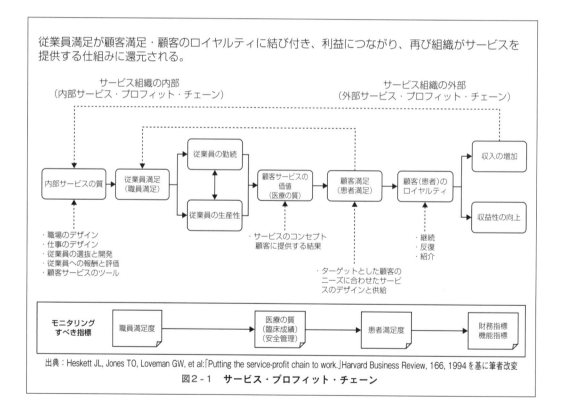

出典：Heskett JL, Jones TO, Loveman GW, et al：「Putting the service-profit chain to work.」Harvard Business Review, 166, 1994 を基に筆者改変

図2-1　サービス・プロフィット・チェーン

※1　出典：Heskett JL, Jones TO, Loveman GW, et al "Putting the service-profit chain to work." Harvard Business Review, 1994

■（1）内部サービス・プロフィット・チェーン

①　採用・教育・評価・配置といった人事システムの適切な構築により内部サービス品質を向上させる。

②　内部サービス品質の向上が従業員満足の増大をもたらし、従業員満足の増大が従業員ロイヤルティ（忠誠心）の向上をもたらす。

③　ロイヤルティの高い従業員は、定着率が高まり、高いサービス生産性を発揮するようになり、これがサービス価値（医療の質）の向上をもたらす。

■（2）外部サービス・プロフィット・チェーン

①　サービス価値の向上が、顧客満足を増大させ、顧客ロイヤルティ（忠誠心）の獲得につながる。

②　ロイヤルティの高い顧客が、サービスを反復購買したり、他の顧客へ推奨することで、売り上げや利益の増加につながる。

③　売り上げや利益の増加が、内部サービス品質向上のための原資として還元される。

「サービス・プロフィット・チェーン」は、もともと一般企業を想定したモデルだが、以上の流れを医療機関に置き換えれば、職員満足度の向上により医療の質が高まり、患者満足度を高めることが医療機関の収益を向上させ、結果的に職員に還元されるという好循環を作ることが重要であると理解できる。ましてや、医療機関は労働分配率（組織で作り出される付加価値に占める人件費の割合）が高く、一般企業に比べると、人的資源によって顧客サービスの価値（医療の質）が大きく左右されやすい。また、医療機関の経営は非営利性が原則であり、稼いだ利益を配当などの形で外部流出することなく内部サービスの質の向上に充当できることは、働き手である職員の共感も得られやすいはずである。

このような一連の好循環がうまく機能しているかどうかを判断する上でも、職員満足度や患者満足度を測定（モニタリング）し、医療経営に活用することは大きな意義がある。

第2章では、経営管理指標として役立てるための職員満足度調査や患者満足度調査のあり方について、病院での事例を交えて紹介していきたい。

2　満足度調査のマネジメントへの活用事例

患者の視点で医療の質にこだわる組織文化を構築することは、優秀な職員の採用や定着を促すためにも非常に重要である。先進的な医療機関では、バランスト・スコアカード（BSC）のような目標管理制度の導入が進んでおり、患者満足度や職員満足度を主要な目標管理指標（KPI）として経営管理（マネジメント）に活用する動きが進んでいる。

　ここでは、医療法人社団健育会グループにおける取り組み事例を紹介しよう。

■（1）事例　健育会グループ

（1）先進的なマネジメントシステム

　医療法人社団健育会グループ（本部：東京都千代田区）は、北海道から静岡までの広域エリアに9つの病院（合計1,300床）を運営しており、在宅・介護関連施設も合わせた職員数の合計は2,800名以上にのぼる。

　健育会グループ病院の大きな特徴は、診療行為に関する責任と病院経営の責任とが明確に分離されている点である。病院長は診療部門の責任者に専念し、マネージング・ディレクターと呼ばれる各病院の経営責任者（非医師）が、病院長以外の医師を含む全職員の人事権を掌握するとともに、マーケティング、財務、人材確保に至るまで、大きな権限と責任を委譲されている。

　このように大胆なマネジメントスタイルを可能としているのは、健育会グループが独自に開発した病院経営管理システムの存在が大きい。このシステムでは、医業収入・経費などの財務情報、臨床データ、患者情報や職員情報などのさまざまなデータの蓄積と経営分析が行われ、グループ本部も含めた職員にリアルタイムで情報が共有される仕組みとなっている。

（2）BSCに第5の視点

　健育会グループのBSCには、「日本の医療は安価でそれなりに質の高い医療が提供されてきたものの、患者さんの満足は置き去りだった」という竹川理事長の問題意識が強く反映されている。このような理事長のビジョンを踏まえ、前述の先進的なマネジメントシステムに職員満足度や患者満足度を適切に反映させるための評価手法の開発や、職員や患者のニーズを経営戦略に生かす仕組み作りに積極的に取り組んでいる。

　健育会グループが採用しているBSCには、「顧客」、「組織運営」、「教育研修」、「財務」という通常の4つの視点に加えて、「医療の質」という第5の視点が加えられているのが特徴である（図2 - 2）。

　これは、グループ戦略上の最重要課題を「医療の質」と位置付け、マネージング・ディレクターや現場職員に浸透させるためにあえて独立項目として設けられたものである。さらに、BSCとは別に「質の向上計画」という半期ごとのアクションプランを業績評価に組み込んだり、グループ全体でTQM活動（TQM: Total Quality Management＝総合的品質管理）に積極的に取り組んでいることからも、健育会グループがいかに「医療の質」を重視しているのかがうかがえよう。

　ちなみに、BSCや質の向上計画で管理されているKPIは、アメリカの大手民間病院であるSwedish Medical Center（シアトル）と提携し、アメリカ流の経営品質管理ノウハウを取り入れて設計されている。

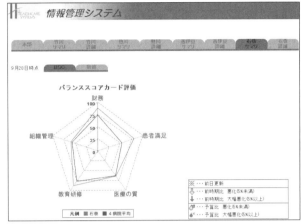

視　点	KPI（管理指標）
財　務	経常利益 入院患者数
組織管理	間接部門の生産性 理事長賞の受賞数
人　材	**職員満足度調査結果** 離職率 研修参加者数
顧　客	**患者満足度調査結果**
医療の質	事故発生率 機能的自立度評価表（FIM） の改善点数

BSCの5つの視点とKPI

グループ病院管理システム「Mil-Feel」の画面イメージ

図2-2　健育会グループのBSC

このようなマネジメントシステムを基本として、半年ごとに本部と病院との協議によって経営目標が設定され、業績評価が行われる。月に1度、各グループ病院のマネージング・ディレクターが本部に集まって目標に対する進捗状況や経営課題を報告し、本部スタッフによるサポートや問題解決に向けた施策が検討され、迅速に実行に移される。

（3）満足度指標の活用

このように、病院経営に必要な戦略と人材、システムをグループ本部が統括し、マネージング・ディレクターが責任をもって現場で遂行し、評価されるという先進的なマネジメントスタイルが実践されている健育会において、特に重視されている指標が「職員満足度」と「患者満足度」である。

職員満足度調査は、健育会グループの全職員に対して半年ごとに実施され、調査結果は各病院長やマネージング・ディレクターの評価や賞与に反映されている。病院長もマネージング・ディレクターも、いかに職員満足度を高められるか、常に手腕が問われている。

患者満足度調査は、すべての患者の退院時アンケートはもちろんのこと、年2回の調査基準日を設けて在院中の患者やその家族への郵送アンケートも一斉に実施している。このように継続的に集められるアンケートの半年分が患者満足度として病院別・組織別に集計され、BSCのKPIとして評価されるルールが構築されている。

また、患者満足度調査の回答データはオンライン上でも常に確認することができ、患者や職員の満足度向上に向けた現場レベルでの業務改善や、グループ全体で取り組んでいるTQM活動にも積極的に活用されている（図2-3）。

集計グラフ表示画面

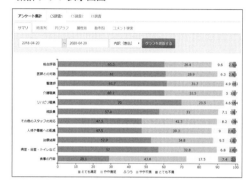

コメント検索画面

図2-3　健育会グループの患者満足度モニタリング画面

職員満足度調査

　それでは、職員満足度調査は、実際にどのような方法で実施するのが適当であろうか。ここでは、筆者が経営している株式会社ケアレビュー（以下「当社」という）が実施してきた多くの調査事例やノウハウを踏まえ、これからの医療経営に有効だと考えられる調査方法や活用方法を紹介しよう。

1　職員満足度調査目的の確認

　職員満足度調査の目的は、「職員一人ひとりのモチベーションや生産性を高め、患者に提供する医療の質やサービスレベルを向上させること」及び「職員が感じている不満を解消し、職員のニーズに合致した魅力的な職場環境を提供することにより、優秀な職員の離職を防止すること」にある。そのためには、正しい現状認識が重要であり、「いかにして職員の本音を正確に聞き出すか」ということをまず慎重に検討すべきである。

　職員の本音を聞き出す方法としては、職員へのインタビューやアンケートなどの方法が考えられるが、インタビューは面談者によるバイアスが働く余地が大きく、院内での調査は気兼ねや報復への不安から職員の本音が表れにくいという点からも、あまり適当な方法ではない。客観性が高い方法として推奨されるのが、第三者機関による匿名でのアンケート調査である。

　第三者機関によるアンケート調査は、通常は他の医療機関との比較（ベンチマーク）が可能であり、自院の強みと弱みや、職員のモチベーションの状況が客観的に可視化されることや、調査の準備・分析に関する手間がかからず、専門的なサービスを受けられることもメリットとして挙げられる。

　ただし、職員満足度調査を実施するには、経営者にもそれなりの覚悟が求められることにも留意が必要である。職員の声を聞く以上は、多くの要望や期待に応えるだけの責任が発生するからだ。調査結果を踏まえて経営幹部が真摯に議論し、職員に適切なメッセージや具体的な改革プランを発信することができた病院は、その後の経営者と職員との信頼関係の大きな改善につながるが、職員の声を無視した場合は、調査を行ったこと自体を無意味なものにするだけでなく、かえって職員のモチベーションを下げることにもなりかねない。調査の目的を経営者自身が十分に理解し、調査結果を踏まえて果敢に組織改革を行う

決意を持っていなければ、安易に実施すべきではない。

2　職員満足度調査の実施方法

当社が実施した病院職員満足度調査の調査方法を具体的に紹介する。

（1）調査内容の設計

調査内容は、**表2−1**のような情報分析フレームに基づき設問が構成され、参加する病院の職員の満足度や意識構造が、共通のフォーマットで分析されるようになっている。これは、一般企業や海外の病院で実施されている多くの調査実例を参考として、「職務達成感」や「医療の質」といった病院特有の要素も加えて開発された当社オリジナルの調査内容である。

設問の中でも、以下の2問は「総合満足度」とし、最重要項目に位置付けられている。
・勤続意欲：今の職場でこれからも働きたいと思いますか？
・職場推奨意向：勤務している病院を職場として知人にすすめますか？

選択式の設問数は27問で、あえてシンプルな設問構成となっている。設問数が多すぎると回答者の負担が大きく、回答内容の信頼性も低下してしまうためだ。筆者も以前の勤務先で100問以上の意識調査に回答したことがあるが、テストでもないのにそれだけの項目に慎重かつ正確に回答する気にはならなかった。

選択式の設問を増やすよりも、自由記述をたくさん集める方が、調査結果を経営改善に活用するには都合が良い。そこで、特に必要だと思われる項目には、選択肢の直後に不満足の理由や経営への要望事項を具体的に記載してもらう欄が設けられている。当社のクライアントの病院でも、自由記述の内容を分析することで問題解決の糸口を見いだし、具体的な施策につなげているケースが多い。

尚、調査用紙のサンプルも掲載するので、商用目的以外であれば自由に利用していただいて構わない（**図2−4**）。

（2）調査の実施方法

調査対象は、医師をはじめ非常勤やパート職員も含む全員とする。医師は他職種に比べて職業意識や論理的思考性が強く、経営目線に近い建設的な意見や、現場のリーダーとしての立場を踏まえた貴重な提言を得られることが多い。また、調査後に病院の改革を断行していくことも、医師の協力を抜きにしては困難である。

回答方法は、従来は調査用紙を配布・回収する方法が中心であったが、環境が整えばパソコン等から回答してもらう方が集計の手間がかからない。できるだけ回答率を高めるため、所属部署ごとに責任者が回答状況をチェックする方が望ましい。

表2-1 ケアレビューの職員満足度分析フレーム

分類	項目	設問名	設問内容
総合評価		勤続への意欲	あなたは、今の職場でこれからも働きたいと思いますか
		職場推奨意向	あなたは、あなたの病院を職場として知人にすすめますか
職務意識	経営方針	経営理念の理解	あなたは、病院の理念・使命・目標などを理解していますか
		社会性の重視度	あなたの病院は、病院に対する風評を重視していると思いますか
	モチベーション	能力との適合度	あなたは、今の仕事が自分の能力に合っていると思いますか
		仕事のやりがい	あなたは、今の仕事にやりがいを感じていますか
		適性な評価	あなたの病院では、仕事の成果が正当に評価されていると思いますか
	コミュニケーション	上司への信頼	あなたは、あなたの上司を信頼できますか
		職場の雰囲気	自由に提案ができ、みんなが協力し合うなど、職場の雰囲気は良いと思いますか
		部門間の連携	他部門との連携はスムーズですか
組織制度	処遇	能力開発	あなたの病院は、あなたの能力開発を支援してくれますか
		評価方法の理解	あなたは、何を期待され、成果がどのように評価されるか理解していますか
		福利厚生	あなたは、現在の福利厚生制度に満足ですか
		報酬	あなたは、現在の報酬に満足ですか
	情報共有	フィードバック	あなたの上司は、仕事の成果に対してフィードバックをしてくれますか
		職員への情報提供	あなたの病院では、職員に重要な情報を知らせていますか
	職場環境	働きやすい環境	あなたは、職務遂行に相応しい環境を与えられていますか
		精神的な不安	あなたは、過度に精神的不安を感じることなく仕事ができていますか
		私生活への配慮	あなたの病院は、あなたの私生活に配慮してくれますか
		安全面への配慮	あなたの病院は、職員の安全に配慮していると思いますか
	組織構造	権限の付与状況	あなたは、職務遂行に必要な権限を与えられていますか
		指示系統の明確さ	あなたは、複数の上司から指示を受けて困ることがありますか
社会性	職務達成感	地域からの評価	あなたの仕事は、地域社会から評価されていると思いますか
		患者からの評価	あなたの仕事は、患者さんから評価されていると思いますか
	医療の質	病院の活動姿勢	あなたの病院は、理念や使命に沿った活動をしていると思いますか
		自己利用の意向	あなたは患者として、あなたの病院を利用したいと思いますか
		病院推奨意向	あなたの病院を患者さんや知人にすすめますか

出所：ケアレビュー

ケアレビュー病院
職員アンケート調査

職員の皆さまへ

このアンケートは、職員の皆さまの仕事や職場への満足度や意欲、問題意識などを把握し、より質の高い医療を提供するための組織運営や職場環境を整備するために実施するものです。

本アンケートの分析は、専門調査会社である株式会社ケアレビューに外部委託します。院内の職員が回答内容を閲覧することはなく、筆跡などから本人が特定される心配もありませんので、職場では言いにくいような内容であっても正直にありのままを安心して記入してください。

回答後は、添付の封筒に封入して、○月○日までに所属長に提出してください。
（または、各部署に設置するアンケート回収箱に投函してください。）

皆さまのご協力を宜しくお願い致します。

院 長

このアンケート調査に関する問合せ窓口
○○○○
○○-○○-○○○○

◆ 該当する番号を○で囲んでください。
● この欄の情報は個人を特定するために使用することはありません。

性別	1. 男　　2. 女	雇用形態	1. 常勤　　2. 非常勤・パート・嘱託
年齢	1. 25歳以下　2. 26～35歳　3. 36～45歳　4. 46～55歳　5. 56歳以上		
職種	1. 医師・歯科医師　2. 看護師　3. コメディカル　4. 事務　5. ○○○		
所属部門	1. 第1病棟　2. 第2病棟　3. 第3病棟　4. 第4病棟　5. 第5病棟　6. 第6病棟　7. 第7病棟　8. 第8病棟　9. 第9病棟　10. 外来　11. 薬剤部門　12. 栄養部門　13. リハビリ部門　14. 放射線部門　15. 臨床検査部門　16. 事務部門		
役職	1. 経営幹部（副院長以上）　2. マネージャー層（診療科長・師長・課長以上）　3. ジュニア層（医員員・主任・係長以上）　4. 一般		
当院での勤続年数	1. 1年未満　2. 1年以上3年未満　3. 3年以上5年未満　4. 5年以上10年未満　5. 10年以上20年未満　6. 20年以上		

以下の設問について、もっともよくあてはまる回答を1つ選んで、該当する番号『 1, 2, 3, … 』を○で囲んでください。

職場について

1. あなたは、今の仕事が自分の能力に合っていると思いますか？
   1. 非常に合っている
   2. ある程度合っている
   3. どちらとも言えない
   4. あまり合っていない
   5. まったく合っていない

2. あなたは、職務遂行に必要な権限を与えられていますか？
   1. 十分に与えられている
   2. ある程度与えられている
   3. どちらとも言えない
   4. あまり与えられていない
   5. ほとんど与えられていない

3. あなたは、病院の理念・使命・目標などを理解していますか？
   1. 十分に理解している
   2. ある程度理解している
   3. どちらとも言えない
   4. あまり理解していない
   5. ほとんど理解していない

4. あなたの病院は、理念や使命に沿った活動をしていると思いますか？
   1. 活動している
   2. ある程度活動している
   3. どちらとも言えない
   4. あまり活動していない
   5. 活動していない

5. あなたは、今の仕事にやりがいを感じていますか？
   1. 非常に感じている
   2. ある程度感じている
   3. どちらとも言えない
   4. あまり感じていない
   5. ほとんど感じていない

6. あなたは、今の職場でこれからも働きたいと思いますか？
   1. これからも今の職場で働きたい
   2. どちらかと言うと今の職場で働きたい
   3. どちらとも言えない
   4. どちらかと言うと別の職場に変わりたい
   5. 別の職場に変わりたい

7. あなたが、「別の職場に変わりたい」と思う原因は何ですか？（設問 6.で「4」、「5」を選んだ方のみお答え下さい）

8. あなたの病院では、あなたの能力開発を支援してくれますか？
   1. 十分な支援がある
   2. ある程度支援がある
   3. どちらとも言えない
   4. あまり支援がない
   5. ほとんど支援がない

9. あなたの上司は、仕事の成果に対してフィードバックをしてくれますか？
   1. 十分なフィードバックがある
   2. ある程度フィードバックがある
   3. どちらとも言えない
   4. あまりフィードバックがない
   5. ほとんどフィードバックがない

10. あなたは、何を期待され、成果がどのように評価されるか理解していますか？
    1. 十分に理解している
    2. ある程度理解している
    3. どちらとも言えない
    4. あまり理解していない
    5. ほとんど理解していない

11. あなたは、あなたの上司を信頼できますか？
    1. 非常に信頼できる
    2. ある程度信頼できる
    3. どちらとも言えない
    4. あまり信頼できない
    5. ほとんど信頼できない

12. あなたの上司のどんな点が信頼できませんか？（設問11.で「4」、「5」を選んだ方のみお答え下さい）

13. あなたは、複数の上司から指示を受けて困ることがありますか？
    1. 困ることはない
    2. あまり困ることはない
    3. どちらとも言えない
    4. たまに困ることがある
    5. 頻繁に困ることがある

14. あなたの病院では、職員に重要な情報を知らせていますか？
    1. 十分に知らせている
    2. ある程度知らせている
    3. どちらとも言えない
    4. あまり知らせていない
    5. ほとんど知らせていない

15. あなたは、職務遂行に相応しい環境を与えられていますか？
    1. 十分に与えられている
    2. ある程度与えられている
    3. どちらとも言えない
    4. あまり与えられていない
    5. ほとんど与えられていない

16. あなたは、過度に精神的不安を感じることなく仕事ができていますか？
    1. 不安を感じることはほとんどない
    2. あまり不安を感じることがない
    3. どちらとも言えない
    4. ある程度不安を感じることがある
    5. 非常に不安を感じることがある

17. あなたが「精神的不安」を感じる原因は何ですか？（設問16.で「4」、「5」を選んだ方のみお答え下さい）

18. あなたの病院は、あなたの私生活に配慮してくれますか？
    1. 十分な配慮がある
    2. ある程度配慮がある
    3. どちらとも言えない
    4. あまり配慮がない
    5. ほとんど配慮がない

19. あなたの病院は、職員の安全に配慮していると思いますか？
    1. 十分な配慮がある
    2. ある程度配慮がある
    3. どちらとも言えない
    4. あまり配慮がない
    5. ほとんど配慮がない

20. 自由に提案ができ、みんなが協力し合うなど、職場の雰囲気は良いと思いますか？
    1. 非常に雰囲気が良い
    2. ある程度雰囲気が良い
    3. どちらとも言えない
    4. あまり雰囲気は良くない
    5. 非常に雰囲気が悪い

21. 他部門との連携はスムーズですか？
    1. 非常にスムーズである
    2. ある程度スムーズである
    3. どちらとも言えない
    4. あまりスムーズではない
    5. スムーズではない

22. どの部門と、連携がとりづらいですか？（設問21.で「3」、「4」を選んだ方のみお答え下さい）

23. あなたは、現在の福利厚生制度に満足ですか？
    1. 非常に満足である
    2. ある程度満足である
    3. どちらとも言えない
    4. あまり満足ではない
    5. 満足ではない

24. あなたは、現在の報酬に満足していますか？
    1. 非常に満足である
    2. ある程度満足である
    3. どちらとも言えない
    4. あまり満足ではない
    5. 満足ではない

25. あなたの病院では、仕事の成果が正当に評価されていると思いますか？
    1. 正当に評価されている
    2. ある程度正当に評価されている
    3. どちらとも言えない
    4. あまり正当に評価されていない
    5. 正当に評価されていない

26. 評価が正当ではないと感じる理由は何ですか？（設問25.で「4」、「5」を選んだ方のみお答え下さい）

院外からの評価について

27. あなたの仕事は、地域社会から評価されていると思いますか？
    1. 非常に評価されている
    2. ある程度評価されている
    3. どちらとも言えない
    4. あまり評価されていない
    5. ほとんど評価されていない

28. あなたの仕事は、患者さんから評価されていると思いますか？
    1. 非常に評価されている
    2. ある程度評価されている
    3. どちらとも言えない
    4. あまり評価されていない
    5. ほとんど評価されていない

29. あなたの病院は、病院に対する評判を重視していると思いますか？
    1. 非常に重視している
    2. ある程度重視している
    3. どちらとも言えない
    4. あまり重視していない
    5. ほとんど重視していない

病院に対する評価について

30. あなたは患者として、あなたの病院を利用したいと思いますか？
    1. ぜひ利用したい
    2. おそらく利用すると思う
    3. どちらとも言えない
    4. おそらく利用しないと思う
    5. 絶対に利用したくない

31. あなたは、あなたの病院を「病院として」患者さんや知人にすすめますか？
    1. 自信をもってすすめる
    2. ある程度はすすめる
    3. どちらとも言えない
    4. あまりすすめられない
    5. ほとんどすすめない

32. あなたは、あなたの病院を「職場として」知人にすすめますか？
    1. 自信をもってすすめる
    2. ある程度はすすめる
    3. どちらとも言えない
    4. あまりすすめられない
    5. 絶対にすすめない

33. あなたの病院をすすめたくない理由は何ですか？（設問32.で「4」、「5」を選んだ方のみお答え下さい）

以下の設問に文章でお答えください

1. あなたの病院の、すばらしいと思う点をあげてください。

2. あなたの視点から、あなたの病院の改善したい点や気になる点をあげてください。

ご協力ありがとうございました。
添付の封筒に封入し、指示に従ってご提出をお願いします。

図2-4　調査用紙サンプル

　職員に気兼ねなく本音を記入してもらうため、無記名で実施するが、なかには属性情報（性別・年齢・職種・勤続年数・所属部署）の記入さえも抵抗を感じる職員もいる。事前の説明において、「書いた人を特定しても病院のメリットはない」「記載内容に対して個人的な評価や報復は行わない」といった病院としての姿勢を明確に示し、調査に対する信頼を確保してもらうことが重要である。

■（3）情報分析と報告

　職員満足度は、患者満足度などに比べて不満が表れやすく、一般的に満足度の水準は低い傾向がある。このため、他の病院水準との比較を行うベンチマーク分析によって、各病院の特徴を客観的に把握することが望ましい。

　また、前述の「勤続意欲」と「職場推奨意向」を目的変数として各設問との間で相関分析を行い、総合評価との相関の強弱から各項目の優先度を判断することも可能である。さらに、組織内のセグメント別に比較して、組織内での問題の所在を明確にすることや、自由記述の内容の傾向も分析し、具体的な改善のポイントについてもある程度の方向性を見いだすことも有効である。

　以上のような分析結果を報告書にまとめ、院内で速やかに情報共有する（図2‐5、6）。

		今回満足度	今回重要度	前回満足度比	全国平均満足度比
総合	総合評価	55.9		−2.3	0.4
	勤続への意欲	60.9		−2.7	−1.6
	職場としての推奨意向	51.0		−1.9	2.5
勤務意識	A1_経営方針	75.9	33.0	0.8	7.7
	経営理念の理解	75.7	32.0	0.7	4.3
	社会性の重視度	76.1	23.9	0.9	10.4
	A2_モチベーション	60.0	71.1	−1.3	−0.3
	能力との適合度	61.9	39.8	−1.0	−2.4
	仕事のやりがい	62.6	66.8	−3.9	−2.9
	評価方法の適正さ	55.5	53.5	0.1	5.2
	A3_コミュニケーション	63.8	67.5	−1.1	2.3
	上司への信頼	67.6	63.2	−1.4	0.3
	職場の雰囲気	65.0	54.2	−0.2	3.4
	部門間の連携	57.7	52.5	−2.0	2.5
組織制度	B1_処遇	55.2	57.6	1.8	5.1
	能力開発	63.6	45.2	−0.1	5.5
	評価方法の理解	59.5	40.8	3.3	1.9
	福利厚生	51.7	37.8	2.6	7.2
	報酬	45.6	44.4	1.0	5.3
	B2_情報共有	62.9	45.2	−2.5	3.9
	フィードバック	59.9	47.4	−3.6	2.3
	職員への情報提供	67.4	31.5	−1.6	6.1
	B3_職場環境	58.1	58.9	−1.4	1.3
	働きやすい環境	62.0	50.0	−2.8	2.2
	精神的な不安	46.5	41.5	−0.8	−1.3
	私生活への配慮	56.2	41.6	−2.8	−3.2
	安全面への配慮	67.1	40.1	−1.4	6.0
	B4_組織構造	63.5	40.0	0.5	0.8
	権限の付与状況	64.5	36.5	1.0	2.8
	指示系統の明確さ	61.9	24.1	0.0	−2.4
社会性	C1_職務達成感	59.2	33.0	−2.9	−2.3
	地域からの評価	59.7	35.9	−3.1	−1.4
	患者からの評価	58.3	23.5	−2.9	−4.5
	C2_医療の質	60.9	71.2	−2.8	4.3
	病院の活動姿勢	70.9	45.5	−1.9	4.6
	自己利用の意向	55.0	60.1	−2.7	4.1
	病院としての推奨意向	59.4	69.9	−3.9	4.1

図2‐5　職員満足度調査の報告書イメージ1

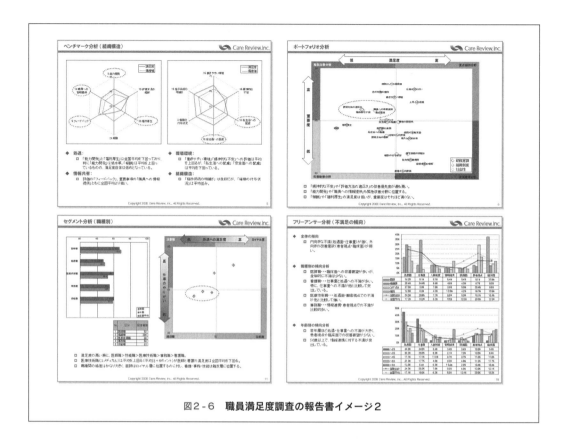

図2-6　職員満足度調査の報告書イメージ2

3　調査実施後の対応

（1）対策の立案

　職員満足度を改善していくための方策は、病院ごと、職場ごとに異なっているのが当然である。次項で示すような各病院に比較的共通して見られる傾向もあるが、経営者が示す将来ビジョン、地域におけるポジショニングや競合状況、組織内部のリーダーシップや人間関係、人事制度や評価システムなどにも強く影響されるため、内部事情をよく知らない外部の人間が考えるようなプランを安直に導入しても、職員の満足度が高まるとは限らない。

　調査結果を踏まえて経営者が真剣に考えることが何よりも重要であり、自院で優先的に取り組む課題は何か、どのように取り組むか、経営者としての行動方針をまず明確にすることが必要である。筆者はこれまで多くの病院に対して調査結果の報告を行ってきたが、その際には必ず、このような「覚悟」を病院幹部に対して迫るようにしている。内部の職員にはなかなか言いだせないようなことも、外部の第三者の立場で申し上げられるのだ。そのあたりは、外部の調査機関を活用するメリットでもあろう。

▌(2)職員への説明

調査結果の職員へのフィードバックも重要である。調査に協力した職員たちは、自分たちの声がちゃんと伝わったのかどうか、大きな期待と不安を抱きながら待っている。「もう辞めたい」と考えていた職員が、調査をきっかけに「何かが変わるかもしれないから、もうしばらく様子を見てみよう」と踏みとどまるケースも多い。

職員への説明は、文書などで示すよりも、できるだけ経営者が直接職員に語りかけるような説明会を開催した方が良い。調査結果の概略とともに、調査を踏まえた具体的なメッセージ(調査協力へのお礼、調査結果に対する率直な感想、改善しなければならない課題、直ちに着手したい対策、すぐには対応できないが計画的に検討したい事項)を、自らの言葉で発信することが大切である。経営者がこのような姿勢を示すことは、リーダーとしての求心力や職員との信頼関係を高めるきっかけにもなる。

▌(3)継続的なモニタリング

対策を実施することにより、職員満足度がどのように変化したかを知るために、適当な時期に再調査を行うことが望ましい。できれば毎年(または2年に1度程度)の調査時期を決めて継続的に調査を実施し、職員満足度を向上させるための継続的なPDCAサイクル(PDCA cycle：Plan-Do-Check-Actの頭文字をとったもの。事業活動における生産管理や品質管理などの管理業務を円滑に進める手法の1つ)を回すことが有効である。

---

4 職員満足度の分析事例

調査データを分析する目的は、職員満足度を高めるための対策やヒントを見いだすことである。設問別に回答者数を集計して、円グラフを作るだけでは不十分だ。ここでは、当社の調査から約50病院(1万人以上)のデータを抽出し、全国的な傾向を分析した事例を紹介しよう。

▌(1)勤続意欲と職場推奨意向

図2 - 7をご覧いただきたい。勤続意欲のある職員は約45％にとどまっている。病院のスタッフは「医療」や「患者」に対する思いは強いが、所属する組織へのロイヤルティ(忠誠心)が低いという傾向が明らかだ。

職場推奨意向はさらに低く、職場として知人に勧める意向を示す職員(29％)よりも、勧めたくない意向を示す職員(38％)の方が多い。毎日まじめに勤務している職員も、病院の外では「うちの病院には来ない方がいいよ」と友人に話しているのだ。これでは、多くの病院が人手不足に悩むのも無理はない。

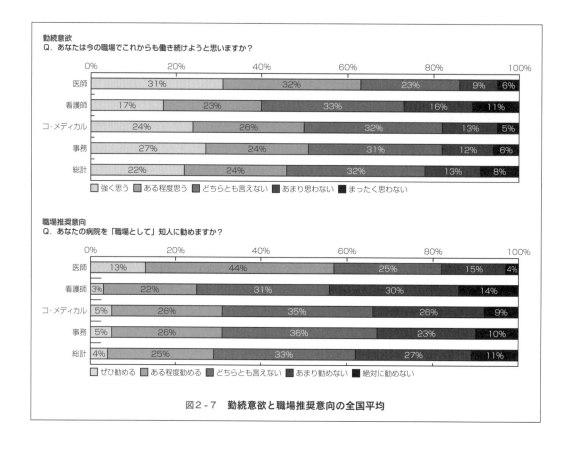

図2-7　勤続意欲と職場推奨意向の全国平均

（2）セグメント別の職員満足度

　図2-8をご覧いただきたい。職種別では、医師の満足度が最も高く、看護師の満足度が最も低い。メディアなどでは勤務医の問題が強調されているが、現場では看護師のモチベーションの方が危機的状況にある。現場における医師と看護師の権限の格差や、職務に対する使命感の違いによって差がついていると考えられる。

　勤続年数別では、新入職員のモチベーションは比較的高いが、2〜10年目くらいまでの満足度が低い。また、年齢や役職が上がるほど、満足度は高い。構造的に、現場の働き盛りの職員に人手不足のしわ寄せが及んでいるためと考えられる。また、新入職員の教育指導は同じ職場の先輩職員が行うことが多いため、経営者の知らないところでモチベーションの低下が伝染している可能性があるので注意が必要だ。

（3）満足度×重要度分析

　図2-9は、横軸に各項目の満足度を、縦軸に各項目の重要度をプロットして、病院職員の意識構造を可視化したものである。重要度とは、回答者に重要度の判定を求めたもの

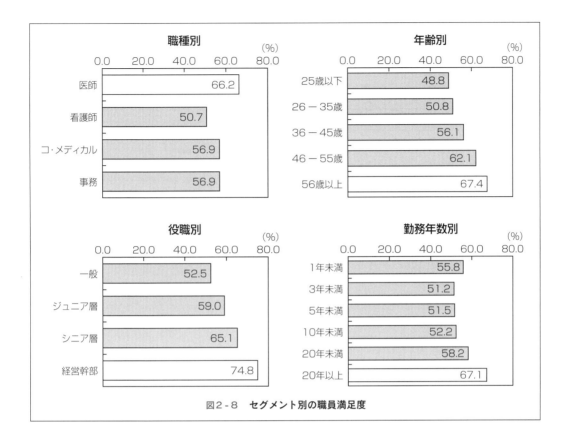

図2-8　セグメント別の職員満足度

ではなく、総合評価（勤続意欲や職場推奨意向）に与えている各項目の影響の強さを、回答データを使って統計的に算出したものである。

　まず目につくのは、「仕事のやりがい」の重要度が突出して高いことである。仕事にやりがいを感じている職員は勤続意欲やロイヤルティが高く保たれるが、一旦やりがいを失うとたちまち離職の危機に陥ってしまうことを示している。経営者としては、各職員が仕事のやりがいを感じられるような職場環境や、成長や自己実現の機会を提供できているかどうかに、十分な関心を払うべきだと考えられる。

　「報酬」や「福利厚生」は、満足度の水準は低いものの、重要度はそれほど高くはない。人間の金銭的欲求は尽きることがなく、どこの病院でも多くの職員が給与面での不満を感じているが、給料を上げて一時的に満足度が高まってもその効果が長続きするとは考えにくい。「給料はもっと上げてほしいが、それよりも大事なことがある」というのが多くの職員の本音だと考えられる。

　したがって、図2-9の左上に位置するような、満足度が低くて重要度が高い項目から優先的に改善に取り組むべきだと、分析データは示している。「精神的な不安」や「評価方法の適正さ」がこれに該当しており、多くの病院職員は、「精神的な不安を感じずに仕事が

できること」や「適正に評価されること」を病院に対して最優先で求めていると考えることができる。

5　職員満足度の改善に向けて

では、職員満足度を高めるにはどうしたらよいのだろうか？

ここで役立つのが、職員が記入したフリーコメントである。先ほどのデータを使って、優先度の高い課題である「精神的な不安」や「評価方法の適正さ」の解決方法を探ってみよう。自由記述のなかには、「精神的な不安の原因」や「評価方法への不満」が非常に多く寄せられるため、その内容を分析して解決方法を検討するのだ。

まず、評価方法への不満の理由は、図2-10の通り大きく3つに分類できる。

評価方法への不満はどのような病院でも見られるが、「人事考課制度」や「成果主義」を導入している病院ほど、実は評価方法への不満が強く表れる傾向があるので注意が必要だ。企業のように「売り上げ」や「利益」のような明快な成果指標を導入しづらい病院では、多くの職員の納得感を得られる評価制度の構築は容易ではない。

これに対して、職員満足度が高い病院では、細かい評価方法をどうするかよりも、管理職教育や人材登用の仕組みに力を入れているケースが多いようである。形式的な評価システムで管理して職員を枠にはめようとするよりも、一人ひとりの職員をプロとして扱い、個人の能力やプライドを尊重しつつ、「あの人に評価されるなら仕方がない」と一目置かれるような魅力的な上司を育て、要所に配置することの方が重要だと考えられる。

次に、精神的な不安の原因は、図2-11のようにかなり多岐にわたっている。

このように一人ひとりが訴える精神的な不安はさまざまだが、医療者としての職業意識や責任感が強いことが、不安の背景となっているコメントが多い。日々の苦労や不安のなかでも、患者のために質の高い医療を提供したいと考える現場からの声には、心を打たれるメッセージも少なくない。

これまで見てきたように、人手不足や医療ミスへの不安など日本の医療システムの問題が現場にしわ寄せをつくるなかで、職員のモチベーションを保つのは極めて困難である。しかし、このような現場の問題に目をつむり、不満や改善要望を吸い上げる仕組みもないような病院では、優秀なスタッフの定着が望めないことも事実だ。

職員の不満や改善要望から目を背けずに自院の現状を正しく把握し、地域における自院の存在意義や将来ビジョンを示すとともに、職員と目線を合わせて着実に改善に取り組む姿勢や覚悟を伝えることこそが、経営者に課せられたリーダーシップのあり方だと考えられる。

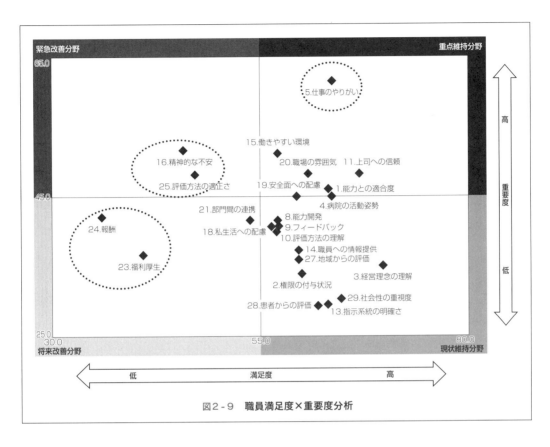

図2 - 9　職員満足度×重要度分析

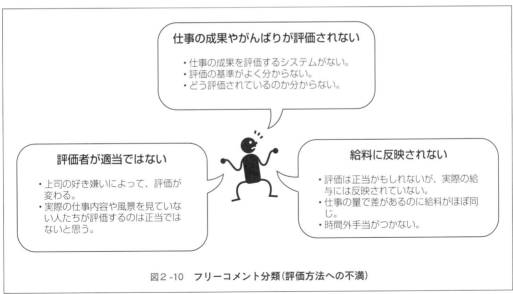

図2 -10　フリーコメント分類（評価方法への不満）

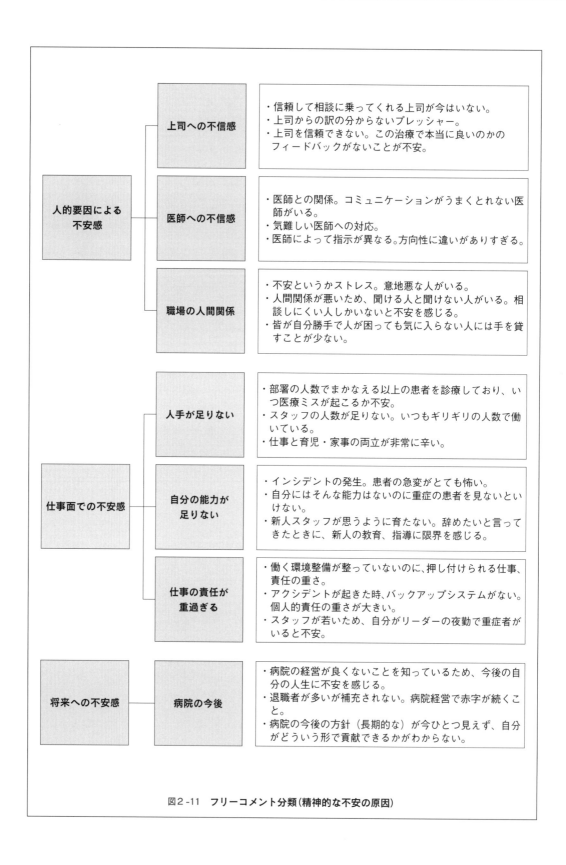

図2-11　フリーコメント分類（精神的な不安の原因）

患者満足度調査

1 患者満足度調査の傾向

　次に、患者満足度調査について考えていこう。調査方法のあり方に言及する前に、当社の過去の調査データから、患者満足度の一般的な傾向やポイントをいくつか紹介しておこう。

■（1）不満の傾向

　図2 -12をご覧いただきたい。入院患者では、入院費用への不満が非常に多いが、内容

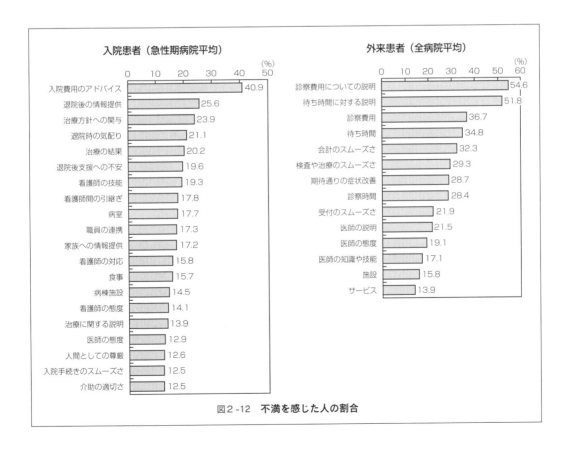

図2 -12　不満を感じた人の割合

的には支払金額そのものへの不満よりも、「入院費がいくらかかるのか？」といった具体的な情報提供が事前に行われないことへの不満が強い。また、入院中のエピソードよりも退院時の不満が強い傾向も表れている。これは、在院日数の短縮に伴う退院時の適切な支援や具体的な情報提供が不足しているためだと考えられる。

　外来患者では、診察費用の説明や待ち時間の説明が課題だが、医療費や待ち時間そのものへの不満よりも、「支払金額がいくらになるのか？」「診察までにあと何人待つのか？」といった適切な情報提供が少ないことへの不満が強い。

　治療の結果に対しては、入院患者の20％、外来患者の30％弱が何らかの不満を感じている。前述したような項目に比べると、臨床内容への不満はそれほど目立って多くはない。多くの患者が適切な医療を受けて満足していることもあるだろうが、患者にとって医療の中身を評価すること自体が困難であることが考えられる。

（2）総合満足度に影響を及ぼす要因

　図2-13、14は、職員満足度の分析と同様に、横軸に満足度を、縦軸に総合評価に対する重要度をプロットした図である。

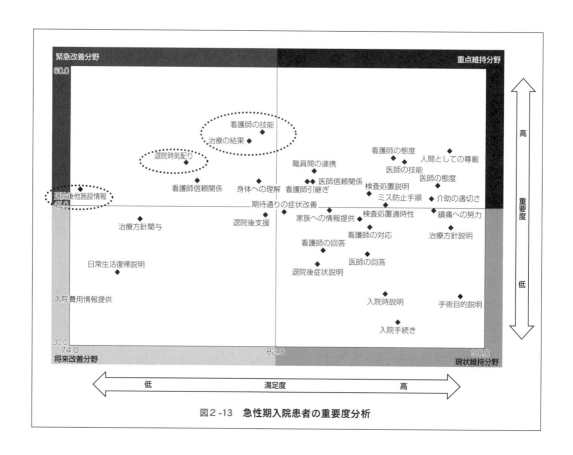

図2-13　急性期入院患者の重要度分析

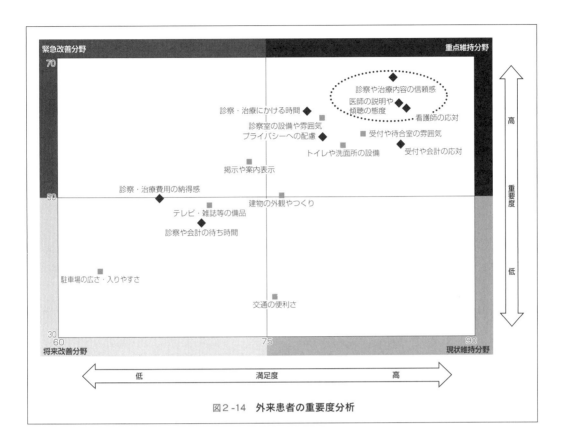

図2-14　**外来患者の重要度分析**

入院患者では、「看護師の技能」や「治療の結果」を、外来患者では、「診察や治療内容の信頼感」や「医師の傾聴の態度」を、比較的重要と考える傾向が見られる。患者の病院に対する印象は、臨床面の影響を強く受け、待ち時間や接遇・サービス面の影響はそれほど強くないことが分かる。

(3)ブランドスイッチの困難さ

図2-15をご覧いただきたい。患者の再利用意向と知人推奨意向との間には、大きなギャップがある。この背景には、医療においては患者のブランドスイッチ（別のブランドやサービスに乗り換えること）がなされにくいという特殊事情が考えられる。

特に、外来患者では20ポイントほどのギャップがあるが、「これまでのカルテはこの病院にあるし、今さら病院を変えるのも不安だ。紹介状など費用もかかるし、面倒なので我慢しよう」といった気持ちなのだろう。継続的に通院している患者だからといって、外で良いクチコミをしているとは限らないことが分かる。

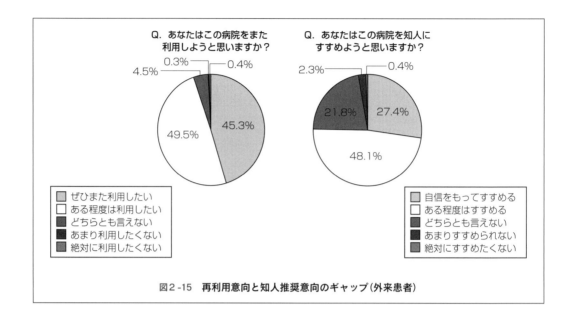

図2-15　再利用意向と知人推奨意向のギャップ（外来患者）

（4）価値観による満足度の違い

　図2-16を見ると、性別や年齢などの人口統計的な属性の違いよりも、一人ひとりの価値観の違いが満足度に与える影響が強いことが分かる。例えば、「なるべく安く治療を受けたい」と考える人や、「治療方針に自分の意見を主張したい」と考える人の方に、満足度の低い傾向が顕著に表れる。

　医療は非常に個別性の強いサービスであり、満足度の平均値だけを見ていても、課題は浮かび上がってこない。一人ひとりが病院・診療所や医療に期待していることは違うということを理解し、その人が望む方法で治療や情報提供を行うことが求められているのである。

2　患者満足度調査の課題と限界

　BSCなどのマネジメント手法が普及し、患者満足度を「顧客の視点」の評価指標として採用する病院も増え、多くの病院で患者満足度調査が実施されるようになってきた。しかし、評価指標としての意味や重要性は分かっていても、現場の職員の間では「患者満足度は当てにならないよね」というような暗黙の認識があるようだ。医療機関のクチコミサイトの情報がほとんど当てにならないのと同様に、患者満足度は評価指標としてあまり信頼されていないのが現実ではないだろうか。

　患者満足度は、受けた医療の質や内容だけでなく、その人の疾患の程度や経済状態、そ

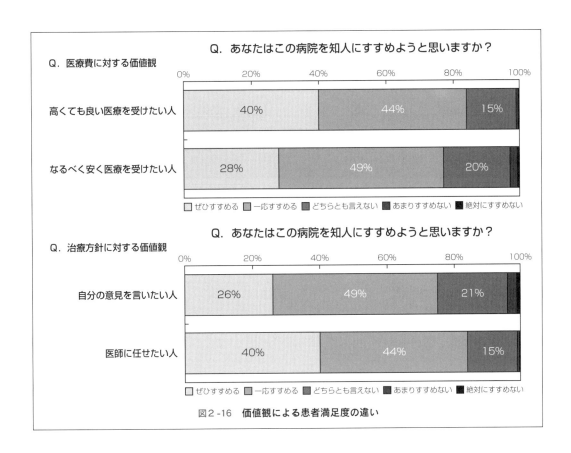

図2-16　価値観による患者満足度の違い

もそもの性格や価値観によって大きく左右される主観的なものである。また、医療自体が情報の非対称性が強いことや、社会保障制度についての理解が不十分な患者も多いため、患者が判断できる内容には限界がある。筆者のこれまでの経験からも、職員満足度調査についてはほとんどの病院で納得感のある調査結果を示すことができる反面で、患者満足度調査の場合はどうしてそのような調査結果となるのか要因が分からないケースも多い。

　さらに言えば、患者満足度は国あるいは地域の医療システムにも影響を受けている。例えば、急性期病院の患者満足度は、だいたいどこの病院でも入院費用と退院に関する不満が強いが、医療費に関する適切な情報提供や、退院後の支援体制は、国や地域の医療システム全体の課題として解決を図る必要があるもので、個々の病院の現場にだけ責任を押しつけるようなものではない。また、医療連携がより一層進めば、病院単位での患者満足度よりも、予防・急性期・回復期・慢性期といった地域医療連携プロセス全体での患者満足度という概念の方が重要となってくるはずである。

　一方で、病院側の姿勢にも問題がないわけではない。病院機能評価の審査項目や、医療機能情報提供制度の報告対象になっていることもあるためか、日本の病院では調査をすること自体が目的化し、日常の業務改善に調査結果が十分に活用されていない医療施設が多

いことも指摘される。日本の医療制度では、患者満足度を高めるための努力やコストが診療報酬で評価されないことも原因と考えられるが、調査をやりっぱなしにすることは大きな問題である。アンケートに回答してくれた患者たちは、自分が書いた意見や要望を今後の病院運営に役立ててほしいと切に望んでいることを忘れてはならない。

3　一般企業の顧客満足度調査

　このように考えると、「現在一般的に行われている患者満足度調査の方法自体が、そもそも間違っているのではないだろうか？」と疑ってみる必要がありそうだ。一般企業でも顧客満足度調査は広く実施されているが、有効な調査によって効果を上げている企業の動向から、医療機関として学ぶべき考え方や視点について考えてみよう。

　まず押さえなければならないポイントは、一般企業の顧客満足度調査は、大きく分けて3つの種類に分類されることだ。

▌（1）仮説検証型の調査

　1つめは、「当社の製品やサービスに満足ですか？」などと漠然と尋ねるのではなく、明確な目的の基に情報を集める顧客満足度調査である。主に製品開発や販売促進部門で行われる調査で、「顧客のニーズや不満を発見し、自社製品やサービスの改善につなげる」という明確な目的の基に行われることが多い。この場合、企業は調査を実施する前に仮説を立て、検証したいシナリオに沿って調査を設計することになる。したがって、アンケート調査の内容も非常に具体的で、例えば「この製品のこの機能に不満はないか」「追加してほしい機能やサービスはないか」「料金は高すぎないか」などの具体的な質問を、想定したターゲット属性の顧客に対して短期集中的に実施して、調査結果を基に早急に製品開発や販売戦略につなげることが多い。

　このような調査は医療機関には馴染まないと思われるかもしれないが、例えば「新しく導入したベッドの硬さは適当か」「患者用のクリニカルパスは分かりやすいか」「待合室の表示システムに不満はないか」など、病院が提供している医療サービスに対して、患者の声を聞いた上で個別具体的に業務改善を図るべきポイントは無数にあるはずである。

　このような仮説検証型の調査は、大規模な投資や経営判断を伴うもの以外はあまり難しく考える必要はなく、院内の各部署やTQM活動の中で随時検討し、コストも時間もかけずに実施されるような運用が望ましい。自分たちが検証したい仮説や目的に合わせて適当な量のアンケートを実施し調査することよりも、対策の実施と検証の方が大事である。結果が思った通りにならなければ、すぐに次の手を検討すればよい。当然のことながら、調査方法や結果を他院と比較して一喜一憂する必要もない。

▌(2)業務運営状況のモニタリング

一般企業で行われている2つめの調査は、業務運営状況の継続的なモニタリングを目的とした顧客満足度調査である。保険に加入したとき、ツアー旅行に参加したとき、オンラインショッピングで買い物をした際などに、スタッフの対応や届いた商品に問題はなかったかどうかなどを尋ねるアンケートに回答した経験がある方も多いのではないだろうか。

このような調査の目的は、営業や現業部門、コールセンターや配送センターなど、日常的な業務運営を行っている部門のサービス品質を継続的に監視し、業務運営施策の改善効果を検証したり、部門の業績評価などに活用したりするためである。時間的経過に伴う推移を観察する方法が用いられるため、調査の内容は常に一定とし、調査項目を頻繁に変更することは避けた方が望ましい。

医療機関でいえば、治療プロセスや結果に対する評価、職員の説明スキルや接遇、給食や清掃の状況など、日常的に提供されている業務の質を管理するためには、すべての患者に評価の機会を提供することが望ましい。患者視点での評価を、面を広げて収集し、継続的に監視し続けることにより、わずかな変化の兆候も見逃さずに問題を発見し、早急な対応が可能となるのだ。このようなモニタリング型の調査は、BSCの管理指標としても適当であり、多くの医療機関で有効に機能する仕組みだと考えられる。

▌(3)業種横断型調査

この他の顧客満足度調査としては、外部調査機関による業界調査もある。「お客様満足度No.1」などとコマーシャルで宣伝されているような調査は、自社で実施するだけでは説得力はなく、専門の調査会社などが実施した調査結果を企業がマーケティング活動に利用しているものだ。

現在多くの医療機関で実施されている患者満足度調査は、以上で説明した3つの調査目的や方法が混在しているように感じられる。業務改善目的で短期的に調査すべきことと継続的に経過観察すべき項目が混在した調査を、継続的にではなく不定期に一部の患者だけに実施し、調査が終わってから何カ月も経って調査結果が集計されるだけで、明確な目的もなく日常業務にはあまり活用されていない。調査内容も標準化されていないため、病院間の患者満足度の差を比較検証することも不可能である。

4 患者満足度モニタリングの事例

ここでは、前項(2)で紹介した業務運営状況のモニタリング目的に特化して、継続的な調査を実施している山下病院(愛知県一宮市)の事例を紹介しよう。

■（1）事例　医療法人山下病院

（1）調査（モニタリング）項目はできるだけシンプルに

山下病院は、愛知県一宮市にある102床の消化器系の専門病院である。地域において複数の総合病院と競合しながらも専門性の高さで独自のポジションを確保し、かねてより患者満足度を非常に重視した経営を行っており、地域における評判は非常に高い。退院患者全員に対するアンケートも既に20年以上前から継続的に実施している。

継続的に患者満足度調査を活用し続けるため、調査内容はとてもシンプルな形となっている。山下病院でも以前は数十問のアンケートを実施していたが、情報分析が面倒なわりにはそれほど有効な分析結果を得られなかった。また、「あまり細かく尋ねられても分からない」「回答するのが面倒だ」などの患者の声にも配慮し、どうしても患者にチェックしてもらいたい12問だけに絞り込んだアンケートに切り替えた。調査用紙もA4サイズで1枚（表・裏）だけのシンプルな仕様である（図2-17）。

この程度の設問構成であれば患者にも負担が少ないため、回答率も大幅に改善した。また、多数の設問を集計していたころに比べて調査結果も分かりやすく示されるため、一つ

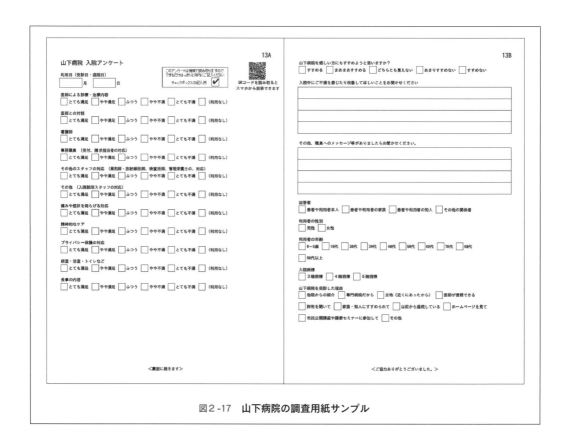

図2-17　山下病院の調査用紙サンプル

ひとつの指標の意味や信頼性は逆に高まったとのことである。

　総合的な評価は、「当院を親しい方にすすめようと思いますか？」という知人への推奨意向を確認している。医療機関にとって、患者のクチコミは非常に重要であり、この質問に対する得点を最終目標としている。

（2）調査方法

　山下病院では、退院説明の際に患者全員に病室でアンケートを渡すことがルール化されている。患者は退院までに無記名で回収ボックスに投函するか、QRコードを読み取って回答することもできる。

　継続的なモニタリングを目的とする以上、調査対象者は原則としてすべての患者とすることが適当だ。当社が関与している急性期病院では、すべての退院患者にアンケートを依頼することを業務フローに組み込んでいる病院が多い。療養型病院では、入院期間も長く、患者本人が評価できない場合もあるため、定期的に患者家族に対して郵送調査を併用することが多い。

　外来患者も全員を対象にアンケートを実施しても構わないが、患者数が多い病院で全員に行うのは現実的に難しく、毎月一定数の回答を集める方法が適当であろう。あるいは、地域連携を進めている急性期病院は紹介患者に限定したアンケートを実施するとか、外来患者は実施しないと割り切ってしまうなど、病院の経営方針に合わせた配布ルールを検討すればよい。要するに、第三者機関が客観的な調査を行うわけではないので、自院の意思で満足度を把握したい患者に対して必要と思われる方法で実施し続ければよいのである。

　なお、診療所の場合は、患者数もそれほど多くはなく、患者満足度調査を実施すること自体が患者の声に耳を傾ける姿勢をＰＲする効果もあるため、すべての外来患者にアンケートを依頼することはマーケティング戦略上も有効な方策であろう。

（3）モニタリング方法

　山下病院では、回答用紙をOCR処理によりデータ化し、オンライン上のモニタリングシステムに最新データを毎週追加している。ブラウザ上で簡単に集計することができ、継続的な経過観察に便利な折れ線グラフ機能のほか、診療科や病棟ごとのクロス集計もできるため、部署別や患者属性別の集計などにも活用できる（図2-18）。

　自由記述のテキストデータもどんどん増えるが、検索機能が充実しているので便利である。例えば「病室」や「食事」などのキーワードでコメントを検索することにより、必要なテーマに対する患者の気持ちをまとめ読みすることで、定量的なアンケートよりも業務改善に向けたヒントが示唆されやすい。また、コメントの内容によっては直ちに対応すべきものもあるが、職員がリアルタイムで情報を共有できるためクイックレスポンスも可能となる。

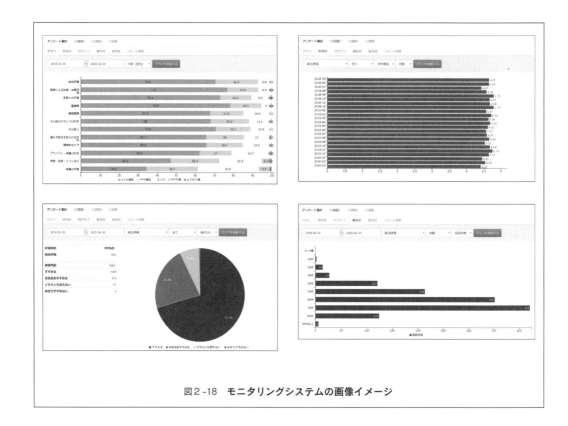

図2-18　モニタリングシステムの画像イメージ

5　これからの満足度調査

（1）調査対象の拡大

　医療の質や業務運営状況をより適正に把握するには、多様な視点から定期的な評価を求めることが有効だと考えられる。

　まず、院内の職員が「患者の立場に立って」評価を行うことをおすすめする。例えば、担当の医師や看護師が、患者アンケートと同じ内容の調査に回答するような方法である。医療現場での患者との接点を通して、提供された医療の内容を患者の家族になったつもりで評価するような仕組みがあれば、医療の素人である患者の目には分からない医療の質の劣化も正しく察知できる。また、定期的にこのような評価を行うことによって、各職員に対して患者本位の医療に対する意識が深く刷り込まれる効果もある。

　また、病院の「顧客」は、目の前の患者だけではない。開業医、救急隊、後方医療機関や介護施設などからのフィードバックを集めることや、来院しなくなった患者への追跡調査、地域社会におけるクチコミ影響調査なども検討に値する。こうした多様な視点で評価し、改善策を実施するサイクルを回すことによって、医療の質は高められていくはずである。

▌(2)医療機能評価機構のベンチマーク事業

　公益財団法人日本医療機能評価機構（以下「評価機構」という）は、「患者満足度・職員やりがい度活用支援」というベンチマーク事業を2018年度よりスタートさせた（図2-19）。

　このプログラムは、評価機構が創立20周年を機にとりまとめた「次世代医療機能評価のビジョン」において、5年毎の病院機能評価以外に取り組むべき重点テーマとして示された「組織への支援」の具体的なアクションプランとして採用され、2年間の試行期間を経て正式に事業化されたものである。

　欧米に比べてQI指標の活用が遅れている日本において、公益団体である評価機構が標準化ルールを定め、多数の病院が参加した満足度調査結果のレファレンス（ベンチマークデータ）は非常に価値が高く、日本におけるデファクトスタンダードに育つことが期待される事業である。

▌(3)調査結果の情報公開

　アメリカやヨーロッパでは、医療機関ごとの「医療の質」に関する評価や情報公開が進んでいる。アウトカム・治療プロセス・医療安全などの臨床指標だけでなく、国が主導して患者満足度（患者経験）調査の標準化を進め、情報公開を行っている国も増えている（図2-20）。

図2-19　**日本医療機能評価機構のベンチマーク事業**

　これに対して日本では、医療機関のクチコミ投稿が表示される情報サイトもあるが、回答数が少なく情報の客観性や信頼性に欠けるものが多い。公的機関も満足度調査に関する統一的な基準を定めておらず、逆に調査結果に対する信頼性を担保できないとの理由で、患者満足度調査結果を医療機関の広告に使用することが禁止されているような状況である。

　さまざまな情報が氾濫する現代社会において、信頼性の高い情報公開は利用者の便益確保に必須であり、日本でもいずれは公的な仕組みに基づく情報公開が進むことが十分に想定される。

アメリカ（Medicare）

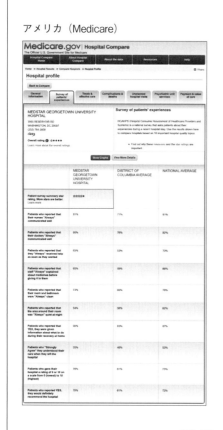

イギリス（NHS）

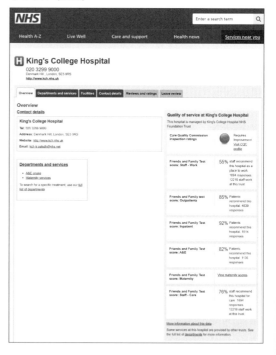

図2-20　患者満足度の情報公開事例

1 病院における「ヒト」のマネジメント

　病院で働く医師や職員の多くは高度な専門性を持つと同時に、高い倫理観や使命感を持って患者のために懸命の努力を続けている。かつてピーター・ドラッカー氏が「世の中で最も複雑な組織は大病院である」と指摘したように[2]、そのような高度な専門家集団を、共通の目標に向かって進む組織としてマネジメントすることは一筋縄ではいかず、一般企業に比べても非常に困難な仕事であることは間違いない。ヒト・モノ・カネの３要素の中で、病院では「ヒト」のマネジメントが最も重要とされるわけである。そのように困難な病院の「ヒト」を適正にマネジメントするには、病院内に存在する財務データや臨床データのような定量的な指標だけでは不十分であり、患者満足度や職員満足度のような定性的な指標にも注目度が高まっているのである。

2 医療機関の経営者に求められること

　現在の日本では制度的な限界もあり、現場が努力して医療の質を高めてもなかなか報酬としては報われないという大きな矛盾を抱えているが、病院のマネジメントには「職員のガンバリ」を適正に評価し、優秀な人材を確保し、組織を活性化することを通して、医療の質を高めることが否応なしに求められる時代になってきた。医療機関の経営者がその責任を自覚せず、行政や政治の責任だから仕方がないと考えるようでは、職員から見放され、医療機関としての経営が成り立たなくなるのは自明である。

　また、欧米諸国では、さまざまな臨床データや患者満足度に基づく病院間の比較分析や情報公開が日本よりもはるかに進んでいる国が多い。これは、市場機能の担い手である保険者の意向が強く働き、成績の優劣により医療機関が受け取る診療報酬に差がつくようなシステムも現実に導入されつつあるアメリカのような国だけではなく、国家が医療制度を統制管理しているヨーロッパ諸国でも進行しつつある。患者や職員の視点で医療機関が評価され、選ばれるという世界的な潮流は日本にも押し寄せ、各医療機関を第三者機関が評

※2　出典：日経ビジネスオンライン『ピーター・ドラッカー氏が指摘する「ITより重要なもの」』http://itpro.nikkeibp.co.jp/a/biz/shinzui/shinzui1122/shinzui_06_01.shtml

価し、情報公開していくような仕組みも想定される。職員満足度も患者満足度も、医療の質を測定するうえで重要な指標であることは間違いなく、そのような時代の変化を乗り越えて、職員からも患者からも選ばれ続ける医療機関であるために、十分な準備と対策を行うことが望ましい。

　そのためには、ただ漫然と満足度調査を行えば良いのではないことを、本章では繰り返し強調してきたつもりである。調査を行うには時間もコストも必要であり、明確な目的意識もなく調査を行うのは、経営資源の無駄である。各医療機関が取り組むべき経営課題を把握し、効果的な対策を実行するために、経営者自らの意思で調査に取り組むというスタンスが求められる。

問題 1 　職員満足度調査について、次の選択肢のうち正しいものを1つ選べ。

〔選択肢〕

①職員へのインタビュー方式による調査は、職員の本音を聞き取りやすい。

②職員への設問項目では、「勤続意欲」と「処遇」が最重要項目として位置付けられる。

③職員満足度は、患者満足度などに比べて不満が表れにくい。

④調査結果を職員へ説明する際は、文書で示す形が良い。

⑤職員満足度が高い病院では、管理職教育の仕組みに力を入れているケースが多い。

確認問題

解答 1　　⑤

解説 1

①×：インタビューは面談者によるバイアスが働く余地が大きく、院内での調査は気兼ねや報復への不安から職員の本音が表れにくいという点からも、あまり適当な方法とはいえない。客観性が高い方法として推奨されるのが、第三者機関による匿名でのアンケート調査である。

②×：設問においては、「勤続意欲（今の職場でこれからも働きたいと思いますか？）」と「職場推奨意向（勤務している病院を職場として知人にすすめますか？）」が最重要視される。

③×：職員満足度は、患者満足度などに比べて不満が表れやすく、一般的に満足度の水準は低い傾向がある。そのため、他の病院水準との比較を行うベンチマーク分析によって、各病院の特徴を客観的に把握することが望ましい。

④×：職員への説明は、文書などで示すのではなく、できるだけ経営者が直接職員に語りかけるような説明会を開催する。調査結果の概略とともに、調査を踏まえた具体的なメッセージを、自らの言葉で発信することが大切である。

⑤○：職員満足度が高い病院では、管理職教育をはじめ、人材登用の仕組みに力を入れているケースが多い傾向にある。

確認問題

問題 2 患者満足度調査について、次の選択肢のうち正しいものを1つ選べ。

〔選択肢〕

①入院患者の場合、退院時の不満よりも入院中のエピソードの不満が強い傾向にある。

②外来患者の場合、医療費や待ち時間そのものへの不満が強い傾向にある。

③医療においては、患者のブランドスイッチがされやすい。

④性別や年齢などの人口統計的な属性の違いよりも、患者一人ひとりの価値観の違いが満足度に与える影響が強い。

⑤患者満足度は、国あるいは地域の医療システムには影響を受けない。

**解答
2**　④

**解説
2**

①×：入院中のエピソードよりも退院時の不満が強い傾向にある。これは、在院日数の短縮に伴う退院時の適切な支援や具体的な情報提供が不足しているためだと考えられる。

②×：外来患者では、医療費や待ち時間そのものへの不満よりも、「支払金額がいくらになるのか？」「診察までにあと何人待つのか？」といった適切な情報提供が少ないことへの不満が強い。

③×：ブランドスイッチとは、別のブランドやサービスに乗り換えること。医療においては、ブラインドスイッチがなされにくいという特殊事情がある。

④○：医療は非常に個別性の強いサービス。患者一人ひとりが病院・診療所や医療に期待していることは違うということを理解し、その人が望む方法で治療や情報提供を行うことが求められる。

⑤×：入院費用と退院に関する不満に関して、医療費に関する適切な情報提供や、退院後の支援体制は、国や地域の医療システム全体の課題として解決を図る必要がある。

第3章

従業員満足度と顧客満足度

1 従業員満足度・顧客満足度の概要
2 職員満足度
3 満足度の測定・分析、満足度向上施策の実施
4 患者満足度
5 まとめ

従業員満足度・顧客満足度の概要

1　従業員満足度・顧客満足度

　多くの業界において、従業員満足度(ES: Employee Satisfaction)・顧客満足度(CS: Customer Satisfaction)は経営の指標として用いられている。長期にわたる不況で従業員のモチベーションが低下していることが経営上の問題点であったり、売り上げが伸びないのは顧客を満足させる製品・サービスを提供できていないことが原因の1つと考えられてきたためである。

　病院業界も長年にわたる医療費削減の波を受けて経営が悪化している病院が多く、BSC(バランスト・スコアカード)を経営に取り入れたりと、何らかの指標を使用している病院も増加している。

　そのなかで、病院における従業員満足度・顧客満足度(病院においては患者満足度。以後の文では職員満足度、患者満足度を使用する)とは、文字通り病院やクリニックにおける職員(医師、看護師、薬剤師、事務、その他)の就業環境についての満足度や、患者・患者の家族の病院やクリニックに対する満足度である。

2　職員満足度・患者満足度・経営改善の関係

　医療を取り巻く環境において、現在ほど患者(顧客)の満足度を重要視する時代はない。特に軽傷外来患者や健康診断などにおける満足度はリピート率や紹介率を左右することから、病院の財務に影響する指標として重要性が高いと考えられている。また、費用の50～60%を人件費が占める労働集約型の産業である病院業界では、職員満足度が患者満足度に直結することは明白である。職員満足度・患者満足度・経営改善はそれぞれリンクしており、正のサイクルを作り出す必要がある(図3-1)。

　昨今、患者満足度を重要視し、その指標を向上させようとさまざまな施策を行っている施設があるが、残念ながら職員満足度との相関を意識しないものが多い。逆に、患者満足度を上げるための施策が職員に過度な負担を強いることになり、職員満足度が低下し離職率を高め、結局は患者満足度が低下する現象も起こっている。

　そういった事例を鑑みると、職員が満足に働くことによって良質なサービスを患者に提

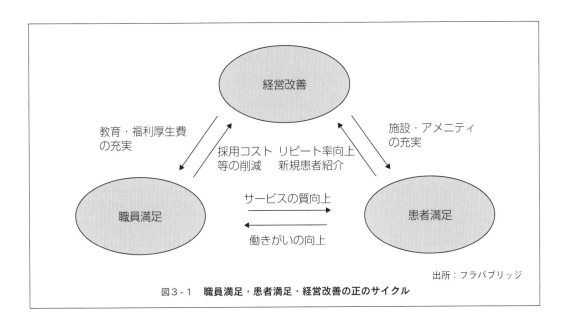

図3-1　**職員満足・患者満足・経営改善の正のサイクル**

出所：フラバブリッジ

供し、患者満足度を向上させるといった考えが今後は主流になると考えられる。埼玉県にある川越胃腸病院では、「良き医療活動は良き人が根幹である」との理念の下に、「人間尊重の職場づくり」を目指す、ということを人事理念としている[※1]。同院は職員満足、患者満足、経営改善の３つを同時に成し遂げており、医療業界以外のメディアにもベストプラクティスとして取り上げられるほどの実績を持つ病院だ。そのような病院が前述のような人事理念を持っていることは、同じ業界にいるものにとって極めて示唆に富む。

※1　参考：『全員が一流をめざす経営──川越胃腸病院に学び働く人が輝きだす組織改革』生産性出版、2010年

② 職員満足度

　病院にはさまざまな職種があり、患者と直に接する・接しないという違いがある、指示系統が違う——などのため、通常の組織より職場の満足度に対する要因が複雑になっている。

1　職員満足度の必要性

　職員満足度は（1）人材の充足、（2）患者サービスの質の向上、（3）コスト削減——の3点から必要性が高い。

▌（1）人材の充足

　現在病院は医師、看護師、介護士・ホームヘルパー不足の状況であり、離職率の低下、採用効率の向上は業務を円滑に行うためには不可欠である。人手不足から個々の業務量が増加し、それによりまた退職者が増えるという負のスパイラルに陥ることを防ぐ必要がある。特に医療系の職員は資格職のため病院間の移動が容易で他業界に比べて離職率は高く、職場の満足度を上げることにより現在の職場にとどまるという流れを作らなければならない。例えば大阪厚生年金病院は「Hospirate（働きやすい病院の評価機構）」の認定を受けているが、職員が働きやすい環境を整えることで産婦人科の医師が増加し、分娩件数・医業収入も増加、実際に病院経営にも好影響を与えている（図3-2）。

▌（2）患者サービスの質の向上

　前節でも挙げたように、病院・クリニックで働く職員満足度が向上すると患者に対するサービスの質が接遇面で顕著に向上し、患者満足度も高まる可能性が高い。また「（1）人材の充足」で挙げた離職率の低下は、施設の方針や業務体制に慣れた職員によってサービスが提供されるため質が担保されやすいというメリットがある。

▌（3）コスト削減

　現在、医療従事者の採用は医療従事者転職エージェント経由が高い割合を占めている。その際に内定者の年収の2～3割の成功報酬をエージェントに支払うため、年間で数百万

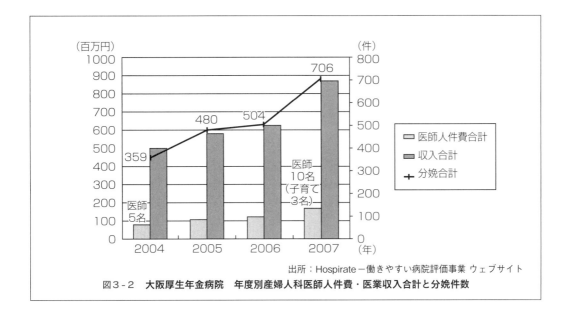

出所：Hospirate－働きやすい病院評価事業 ウェブサイト

図3-2　大阪厚生年金病院　年度別産婦人科医師人件費・医業収入合計と分娩件数

〜数千万円の採用コストがかかっていることになる。職員が満足して働くことによる離職率の低下と、エージェント経由以外の採用(病院ホームページ、知人紹介など)を進めることにより、人材確保のためのコストを削減することが可能になる。新規採用の職員に対する教育コストも削減できる。

2　患者満足度

　病院での患者満足度は一般の業界に比べてその扱いが難しい。なぜなら、患者満足度というのは大きく分けて「製品(医療)の品質」と「患者対応」の2つに大別されるが、一般の業界と比べて製品の品質、つまり医療サービスの質というのは患者からは分かりにくいからである。そのため病院の患者満足度は多くの場合、患者対応・接遇に左右されることが多い。

　一方で、患者満足度は(1)リピート患者の確保、(2)新規患者の獲得のためのクチコミ——の2点から経営と関連して必要性が高い。特に外来業務(救急除く)や健康診断業務では、緊急性が少なく患者の選択の余地が大きいため、売り上げに影響する度合いは大きい。逆に救急外来や入院業務では生命の緊急性という観点から患者の選択の余地は少なく、ある程度の医療の質を担保していれば患者数が減るということは少ないと考えられる。微妙な位置付けにあるのが療養型病院で、療養型病院の入院に際しては患者・患者家族は検討の時間は多く与えられているが、実際の選択肢は入院待機人数の観点からそう多くないのが実情で、一般的な質を保っていれば入院希望者は多いという現状である。ただし今後は、

国の療養型病院に対する施策のブレがどう影響するか観察する必要がある。

▍（1）リピート患者の確保

ボリュームゾーンである生活習慣病や整形外科系の疾患の患者は、定期的に来院する患者である。彼らにとって病院の変更は地理的な問題を除けば難しい問題ではない。病院にとって対応が難しいのは、医療的なアウトプットの重要性と同じくらい患者の希望（ほしい種類の薬剤、点滴処置など）をかなえることが重要になってくることである。そもそもその希望をかなえることが医学的に正しいかどうかという観点が問題であるということと、医師とともに問題にあたっていくことが必要になるという課題がある。

▍（2）新規患者の獲得

新規患者獲得には、現在の患者の満足度を高めることが大変重要になっている。病院選択では、「住居からの距離」以外では、実際の利用者の感想や、友人・知人のクチコミが有力な選択ポイントとなっているからである。新規患者の獲得はその後のリピート患者数の予備軍になるので、病院にとっては診療報酬増の打ち手の一番手となる。現在の患者を満足させ、その患者たちが発する自院の情報をポジティブなものにしなければならない。逆にいえばネガティブな情報が流れると、新規患者数が減ることが予想されるため売り上げへの影響は大きい。

前述したように、医療サービスは質の評価が難しいために患者対応によって満足度が決まる要素が大きい。つまり「接遇」の良し悪しで評価が決まるのである。接遇については各医療機関で強化しているのは周知の通りであり、今後も同様であろう。それに伴ってセミナーや職員教育等のサービス市場も大きくなることが予想される。

3 満足度の測定・分析、満足度向上施策の実施

1 職員満足度の測定方法

　職員満足度の測定方法は、主に調査票（アンケート・無記名）により行う（表3-1）。無記名で行うことにより正直な意見を吸い上げることができる。職員数の少ないクリニックでは匿名性を守ることは難しくなるため、直接のインタビューで面談を行う方が望ましいかもしれない。ただ、その場合もインタビューフォームを準備し、定量的な結果を残すことが重要になる。過去や他の人との比較が必要になる場面が出てくるためである。

　質問項目は、職場の全体的な満足度と5つの大項目、属性についてである。5つの大項目は、（1）病院・クリニックの方向性への同意、（2）仕事のやりがい、（3）病院・クリニックの雰囲気、（4）所属する集団の人間関係、（5）処遇——からなる。（1）〜（5）の項目の説明と回答の傾向を述べるが、実際に調査を行う際はバイアスを持たずに結果を分析する必要がある。

▌（1）病院・クリニックの方向性への同意

　まず、病院・クリニックのミッションを決めることが必要になる。ミッションとはその病院が存在する意義、今後どういった病院・クリニックになろうとしているのかを明確に言葉にしたものである。そのミッションに職員が同意できるかどうかを質問する。同意できているかどうかは、仕事へのモチベーションにかかわってくる質問になる。たんに、給料をもらうために仕事をしているか、仕事が自己の人生の満足度を向上させるものかの違いが、モチベーションとそれに伴う自発的な行動の違いとなって表れることが多い。

▌（2）仕事のやりがい

　「自らの仕事にやりがいを感じているか」「患者に感謝されていると思うか」「他の職員に感謝・評価されていると思うか」などを質問する。これらは、「今後離職する意思はあるか」「仕事にモチベーションを感じているか」に関連する傾向にある。与えられている役割や権限で、やりがいを感じているかの違いが出ることもあり、個々人の技量や経験に即した対応が求められる分野でもある。

表3-1　職場の環境に対するアンケート

●職場に対する、あなたの満足度を教えてください。

1. 現在あなたは全体的な職場に対してどの程度満足していますか？　あてはまる番号に○をつけてください。

非常に満足		ふつう		非常に不満
1	2	3	4	5

2. 以下の項目についてどのように感じていますか？　あてはまる番号に○をつけてください。

	そう思う	まあそう思う	あまりそう思わない	そう思わない
（ア）　病院の理念に賛同している	1	2	3	4
（イ）　病院に愛着を感じている	1	2	3	4
（ウ）　社会規範やマナーは守られている	1	2	3	4
（エ）　今後も今の病院で働き続けたい	1	2	3	4
（オ）　仕事にやりがいを感じる	1	2	3	4
（カ）　将来のキャリアが明確である	1	2	3	4
（キ）　他業種との関係は良い	1	2	3	4
（ク）　仕事で尊敬できる人がいる	1	2	3	4
（ケ）　自分の業務分担は明らかである	1	2	3	4
（コ）　業務の権限は与えられている	1	2	3	4
（サ）　チームの雰囲気は良い	1	2	3	4
（シ）　所属するチームでは意見の交換が行われている	1	2	3	4
（ス）　自分と同僚との関係は良い	1	2	3	4
（セ）　年収に満足している	1	2	3	4
（ソ）　自分の年収は他病院並みかそれ以上だと思う	1	2	3	4
（タ）　自分の年収は業務内容を考えると普通である	1	2	3	4
（チ）　自分の現在の地位に納得している	1	2	3	4
（ツ）　自分の評価に納得している	1	2	3	4
（テ）　処遇についての話し合いの場がある	1	2	3	4
（ト）　現在の業務時間に満足している	1	2	3	4
（ナ）　有給休暇は充分取得している	1	2	3	4

●自身のことを教えてください。該当する番号に○をつけてください。

3. あなたの職種をお答えください。
　　1. 医師　2. 看護師　3. 薬剤師　4. 介護士・ヘルパー　5. 栄養士　6. 事務系スタッフ
4. あなたの今の年齢をお答えください。
　　1. 20-29歳　　2. 30-39歳　　3. 40-49歳　　4. 50-59歳　　5. 60歳以上
5. あなたの入社してからの年数をお答えください。
　　1. 0-2年　2. 3-4年　3. 5-7年　4. 8-10年　5. 11-15年　6. 16年以上

出所：フラバブリッジ

▌(3)病院・クリニックの雰囲気

「働いている病院・クリニックの雰囲気が良いか」「他業種との交流はできているか」「職場で規律やマナーは守られているか」を質問する。また、「尊敬できる先輩がいるかどうか」などの質問もここに含まれる。一般企業との大きな違いは、全体的な雰囲気はいまひとつでも、自分が属する職種やチームの居心地が良ければ離職率は低くなる傾向にあるという点である。

▌(4)所属する集団の人間関係

所属する集団(医師・看護師等の業種内、または病棟でのチームなど)での人間関係を質問する。この質問項目も、離職の意思と関連する。この項目が悪い場合は迅速な対処が必要な場合が多く、そうでなければ突然の退職者を出すおそれもある。

▌(5)処　遇

「人事評価が適切かどうか」「給与・福利厚生・労働時間等の処遇を適切と思っているかどうか」を質問する。一見離職と関連しそうな項目であるが、意外にあまり関連が大きくない。入職の時に条件は聞いているので納得済みのことが多いようである。ただ、入職後に給与の低下があったり、休暇の減少があったりすれば失望の度合いは大きく、離職の大きな要因となり得るので、少なくともこの項目の満足度は現状維持を目標にする必要がある。

以上の質問項目を、4～5段階で答えられるように質問する(そう思う、まあそう思う、あまりそう思わない、そう思わない、等)。最後に、入社年数や、職種、性別等の属性を質問する。属性の質問を最後にするのは、最初に属性を意識させることによる回答者の思い込みを避けることと、匿名性が保たれているかの不安を持たないようにするためである。

アンケート所用時間は15～30分程度が時間の負担の面からは望ましい。アンケートはウェブを使用して行う形式が集計するためには便利であるが、インターネットを使用できない職員が多い場合は紙ベースのアンケートを使用し、エクセルなどの集計ソフトに入力し集計する。

また、アンケートの回収率が悪い場合があるので、回収期間のうちのいずれかのタイミングで催促の通知をしたり、アンケート自体は無記名でもアンケートを完了したかどうかは分かるシステムにしたりと、工夫を重ねることで回収率を向上させることができる。

2　結果の分析方法

　職員満足度調査を含むアンケートでは、調査した結果をどうまとめるのかが一番重要になる。ありがちなのは単純集計で、それぞれの質問に対して何%の人がどう答えたか、どの属性の人がどういった答えの傾向があったかをまとめるものであるが、その結果を施策に結び付けることができない例が多いようだ。結果が明日の打ち手に結び付くような形にまとめることが必要である。

　まず、全体の満足度に対して、それぞれの属性に対してどの項目の関連が大きいのか、その項目の満足度がどうなのか、という視点でチャートにまとめる（図3-3）。そのときにエクセル・SPSSなどの計算ソフトを使用することにより、作業効率が向上する。図3-3のように、現状維持が必要な項目、改善する必要があるが優先度が低い項目、迅速な改善が必要な項目、現状は手をつけなくてよい項目などに分類できる。そして、このチャートを見ながらこの属性・職種に対してはAの項目を改善する必要があるのでBという施策が必要になる……といったように施策の候補を挙げていく。施策ごとに、病院内で対応可能か、外注しなければいけないのか、費用はどのくらいか、実施までにどのくらいの期間

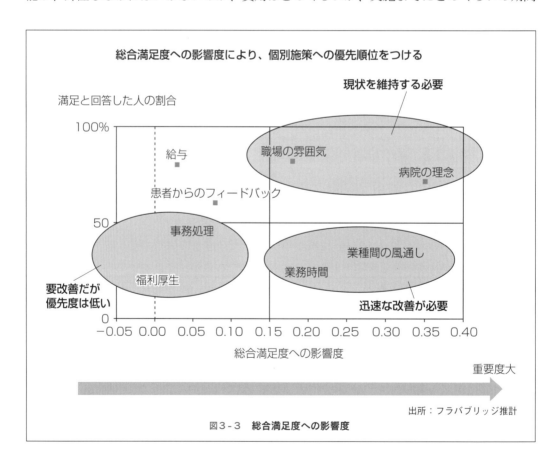

図3-3　総合満足度への影響度

がかかるのかなどを考え、施策の優先順位を決め病院内の会議を通し実行に移す。

　実際の場面では、すぐに職員自身が効果を認識できるような施策をまず実行することが望ましい。職員が満足度調査や新しい施策の実行に慣れていない場合、新しい動きを懐疑的な目で見ることが多いので、効果を見せて自分たちにとってメリットがあるということを理解させれば、その後の改革はやりやすくなる。逆に効果が大きそうだからといって、いきなり時間やコストのかかる施策を実行しようとすると批判の対象になりやすく、実行者のモチベーションが下がることもある。

3　施策の実行と注意点

　これまでの議論によって決まった施策（例：ボーナスに成果主義を取り入れる、昇進制度を変更する、休日に運動会を実施する、新たな教育制度を開始するなど）を実行するときに気をつけなければいけない点がある。それは、「決まったことを押しつけない」ということである。人事や処遇、勤務体制といった話は人間のプライドや生活にかかわる非常にデリケートな部分で、経営層・事務方からの押しつけではスムーズに進まない。それどころか実行の反乱分子になる可能性さえある。この事態を回避するには、（1）満足度調査の時点からそれぞれの職種のキーマンを巻き込んでおく、（2）実行に移す前に対話を重視する――の2点が重要である。

（1）満足度調査時点からそれぞれの職種のキーマンを巻き込んでおく

　満足度調査の企画から実行、結果の分析までには、短く見積もっても最低3カ月はかかる。その間、調査票の内容であったり調査の方法・回収の方法など、多くの作業が発生する。最初からキーマンを巻き込んでおくのがベストであるが、それぞれの作業の段階で何かを依頼することでも構わない。満足度調査に自らがかかわることにより結果に対するコミットメントが増す。人間は自分が行ったことに対してはなかなか否定的な態度がとれないものである。キーマンのコミットメントを得ることにより、それぞれの職種に対する説得力を得ることができる。

（2）実行に移す前に対話を重視する

　ある日突然、「制度変更の通知」という書類を職員に回覧するのは、説得の方法としては望ましくない。予期していない情報に接すると防御反応が起こるのが人間である。調査の結果により新しい制度を導入、あるいは制度が変更になりそうなときには、あらかじめある程度の人数に話しておき、新しい制度のポジティブなイメージを周りの人に与えるように働きかける必要がある。そのときに（1）で巻き込んだキーマンにお願いすることで効果が高まるであろう。

　要は、どれだけ正しく調査を行って分析し必要な施策を導き出せても、その施策が実行できなければ絵に描いた餅であるということである。詳細な分析ができる人ほど分析結果に自信を持っているので、実行の際に人間の感情の機微に鈍感になりがちな傾向がある。施策を実行し、満足度の改善があってこその満足度調査なので、結果の分析という手段を目的と混同しないように気をつけなければならない。

　筆者がコンサルティングファームで勤務していたときに興味深かった点は、分析が得意な人ほど対話による説得が苦手であり、対話による説得が得意な人ほど分析を重要視しない傾向だったことだ。最終的には説得して実行しなければいけないので、後者の方が優れているように見えるが、その施策が間違っていることもある。分析と説得の能力を両方ともある程度持っていることが理想であるが、なかなか難しいというのが正直な感想である。

4　施策実行後のフィードバックと満足度調査の継続

　施策の実行後は、その施策が本当に効果的であったのかを計測する必要がある。満足度調査自体は1年に1回、多くて半年に1回程度の頻度が実施数の限界であるので、まずは少人数へのインタビューで施策の効果を聞くのが良い。施策を行う際には満足度調査のどの項目を改善させるのか目的があるはずなので、その項目が改善していそうかどうかを中心に話を聞いていく。

　次の満足度調査の時期がきたら、目的の項目の数値が上がっているかどうかのチェックをする。また、実行した施策と目的の項目の変化の関連が分かるような質問を加える。この結果により施策の効果判定ができて、次回同じような問題が出てきた際の参考になる。

4 患者満足度

1 測定方法

（1）施策への結び付き、職員満足度との関連付けを

　職員満足度と同様に主に調査票（アンケート）によって測定することが多い。患者満足度の測定で重要になるのは、職員満足度との関連が分かるような形式にすることである。前述の職員満足度の向上は、患者満足度を向上させるための施策であるので、職員のAの項目が改善されたために患者のBの項目が改善されたと分かれば、その後の対応も効果測定しやすい。

　患者満足度は、職員満足度よりも世間への浸透が早かったこともあり、導入している病院は多い。しかし結果の施策への結び付きや、職員満足度との関連が薄いようなら一度見直してみる価値はある。

　患者に対するアンケートは、職員への調査よりも回収に手間がかかったり効率が悪かったりするので回収時期や方法に工夫が必要である。

（2）入院患者のアンケート回収

　入院患者には、入院中・退院時・退院後（自宅へ郵送）の3つの回収時期があるが、入院中のサービス内容について質問する意図があると、どうしても退院時か退院後という選択になるであろう。退院時にするのであれば10分程度で終わる簡易版、退院後であれば多少は量が多くなっても構わないが、一度退院してしまうと回収率は大きく低下するので回収方法に工夫をする必要がある。例えば、回収期限を3週間とすると、質問票を郵送してから2週間経過した時点で返送がない患者に対して返送のお願いを郵送し、締め切り3日前には電話で再度お願いをするといったようなことである。ある病院の事務長は、「退院後に会計をするために再度来院するので、そのときにアンケートをお願いする」と話していた。

（3）外来患者のアンケート回収

　外来患者には外来終了時と外来終了後（自宅へ郵送）の2つの回収時期があるが、外来終了時の会計までの間にアンケートをとることが望ましい。郵送方式は、慢性疾患の患者で

あれば次回来院時に回収が可能であるが、急性疾患で1回きりの来院であると回収率が下がるからである。初回来院のきっかけや、次回も来院する意思があるのか（リピート）、ないのであればその理由は何かなど、患者数を増加させる肝になる人たちへの調査が重要になる。

■ （4）質問項目

　質問項目は、総合的な満足度、4つの大項目、属性からなる。書式については従業員満足度と同様であるので例は割愛する。4つの大項目は、①医療サービスの質、②接遇対応、③施設ファシリティ・制度、④来院理由・次回来院意思——からなる。以下で①〜④の項目の説明を行う。

①医療サービスの質

　現在患者が受けている医療の質への満足度を質問する。医療サービス全般、来院した理由（症状、疾患）、症状の改善の自覚、丁寧な説明の有無、安心感などを質問する。それぞれの職種（医師、看護師、薬剤師、介護士等）ごとに、質問する必要がある。本当の意味での医療のアウトプットはなかなか患者側には分からないものなので、総合的な満足度との関連が薄い傾向にあるのは否めない。

②接遇対応

　入院患者であれば入院中の生活の質、挨拶、職員の対応、食事など、外来患者であれば挨拶、待ち時間時の対応などを質問する。この項目もそれぞれの職種ごとに質問を準備する。総合的な満足度と一番関連の大きい項目である。この分野の向上のために教育研修などの投資をしている病院は多い。

③施設ファシリティ・制度

　施設の清潔度、老朽度、待ち時間短縮の工夫、雑誌の種類、椅子の配置、禁煙・分煙、駐車場の有無などの施設・制度面について質問する。新規患者の場合は施設ファシリティの印象が病院全体の印象を決める可能性があるので、最低限のレベルは保っておきたい項目である。

④来院理由・次回来院意思

　なぜ来院しようと思ったのか（初回、リピートとも）、次回も来院する意思はあるかなどを質問する。これらの回答と、総合的な満足度や他の項目との関連を見ることにより、満足度向上、さらには患者数増の施策を効率的に考えることが可能になる。

　以上の質問を、4〜5段階で回答できるように質問する。属性の質問は、年齢、住所（大まかで構わない）、性別、来院方法等になる。職員満足度調査では、インターネットを使用したアンケートも多いが、患者満足度調査は紙ベースで行われることも多い。前述したように初回来院患者からのフィードバックが重要であり、初回のみの来院患者はインター

ネットを使用した調査に参加する確率が低いからである。

　紙ベースでの質問票のため、分量を多くしないことも重要であり、10分程度で終了するのが望ましい。任意によるアンケートなので、なるべく患者に負担をかけないようにする。

2　結果の分析方法

　分析結果は職員満足度のグラフと同様のチャートになる。縦軸がそれぞれの項目の満足度、横軸が重要な項目(総合満足度、次回来院意思など)との相関係数になる。迅速な改善が必要な項目について、施策を考えていくことになるであろう。

　一般的に、総合満足度に最も大きく寄与するのは接遇対応であることが多い。病院事務長へのインタビューでは、「医療の質の満足度はどの患者も変わらず高い」と話しており、「最終的に挨拶や電話対応などの接遇は、ちょっとしたきっかけで病院全体への印象を左右する」としている。また、筆者の経験では、「元気がないから点滴をしてください」「風邪をひいているから抗生剤をください」などの患者からの一般的な要望は、断ることが難しい。医学的に必要はないと説明しても5〜10分程度の話ではあまり納得していないことも多い。結局はさまざまな処置をしてくれる病院が良い病院だ、という患者の心理を医学的に正しい形で、さらに病院経営の面でも良い方向に反映させていくことが重要になってくる。

　チャートから導いた施策を以上のようなことを勘案しながら実際に行う優先順位をつけ、いつまでに実行するのか、誰が担当するのかなどの詳細を決めて進めていく。

3　施策を実行するときの注意点

　施策を実行するときは、従業員の負担を十分に考慮する必要がある。あれもやればいい、これもやればいい、と患者のニーズに合わせるのは簡単だが、その負担によって職員満足度が低下しては、最終的には患者満足度も押し下げることになる。そのためにも優先順位は明確につけた方が良い。

　また、急激な変化は職員だけではなく、患者にも違和感を与える原因になり得る。接遇などの対応ではそれほどでもないが、会計方法、椅子の配置の変化、雑誌の種類などは、患者がこれまで慣れてきたものでもあるので、事前に告知をしたりして徐々に慣れてもらい、従来からの患者にも続けて来院してもらうようにする。調査結果を紙にして張り出し、その結果からこういった改善を行うようにしました、という告知は、患者が病院の経営に自分もかかわったという意識を持ち、病院に愛着を感じるようになるという点で効果的である。

4 施策実行後のフィードバックと満足度調査の継続

　施策の実行後は、職員満足と同様に当初はインタビューにて効果を測定する。医師・看護師に依頼して診療中に雑談として聞いても良い。次回の調査時に平常の質問項目に加え、施策の効果が分かるような質問を準備する。

　調査を継続して行うことで、施策の効果を確認できたり、過去との比較により進歩を確認できたりする。職員満足度調査と調査時期を合わせることで、職員の満足度がどのように患者満足度に関連しているかを確認でき、それがまた新たな施策を生み出すといった効果がある。

1　専任の人材を置くのが望ましい

　ここまで、病院の職員満足度・患者満足度の必要性と、実際に実施する方法、結果の分析による施策実行について述べてきた。既に満足度調査を実施している病院では測定方法はさまざまであろうが、一定程度の質が保たれていれば形式は問わない。経時的変化を追っていくことが大変重要なので、そのまま続けることが望ましいだろう。しかし、知りたいことが質問票に反映されていない場合や、施策に結び付くような質問になっていない場合は一度リセットし、今後長期にわたって継続して使用できるものを作ることで、後々の決定事項への判断がしやすくなる。

　満足度調査は質問表作成から配布、回収、結果の分析、施策決定、施策の実行までを考えると大量の作業が発生するので、少なくとも一人は専任の人材を置いた方が良い。その人物がコーディネーターとなり、各部署の担当者と連絡をとって事業を回していくというスタイルが、多くの人を巻き込むという意味でも望ましい。

2　正のサイクルで経営改善に結び付く

　医療従事者(主に医師、看護師)不足が叫ばれている状況であるが、職場の満足度が上がれば、現在働いている職員の離職率は低下し、新入職員も良い評判を聞いた自発的な入職や紹介での入職が多くなり、人材エージェントに支払う金額を節約できる。病院の理念に賛同している職員がサービスを行うので患者の満足度も向上する。患者の満足度が向上すれば継続して通院してもらえ、新たな患者を紹介してもらえる。このように、病院・クリニックの職員満足度向上をきっかけに正のサイクルが回れば、結果的に経営の改善にも結び付くのである。

3　病院内の職員が一丸となり、調査を活用した施策を実行する

　また、前述したように満足度調査は手段であり目的ではない。調査を作り込むことは重要であるが、さらに重要なのは調査を活用して施策を実行することである。諸氏が職員満

足度・患者満足度の業務にあたる際は、そのことを念頭におき各々の作業を行うことを期待する。本章で例示した資料を利用しても良いし、自ら新しく作成しても良いが、実行に際して一番重要になるのは病院内の職員を巻き込み、協力してもらい、一丸となって目標に向かうことである。

確認問題

問題1 職員満足度調査について、次の選択肢のうち正しいものを1つ選べ。

〔選択肢〕

①職員満足度を調査票で測定する際は、職員個人の意見を把握するためにも記名式のアンケートで行うのが望ましい。

②質問項目を作成する際は、入社年数や職種、性別等の属性に関する質問を最初の項目とする。

③調査結果は、できるだけシンプルに把握できるよう単純集計でまとめる。

④調査結果を踏まえて施策を実行する際は、できるだけ時間やコストのかかる施策を優先する。

⑤調査結果後の施策を円滑に実行するためには、調査時点から各職種のキーマンを巻き込む必要がある。

解答 1　⑤

解説 1

①×：無記名で行うことにより正直な意見を吸い上げることができる。職員数の少ないクリニックでは匿名性を守ることが難しくなるため、直接のインタビューで面談を行う方が望ましい。

②×：属性の質問は最後にする。最初に属性を意識させることによる回答者の思い込みを避けることと、匿名性が保たれているかの不安を持たないようにする効果がある。

③×：単純集計では、結果を施策に結び付けることができない例が多いため、全体の満足度に対して、それぞれの属性に対してどの項目の関連が大きいのか、その項目の満足度がどうなのか、という視点でチャートにまとめるのが良い。

④×：すぐに職員自身が効果を認識できるような施策をまず実行することが望ましい。いきなり時間やコストのかかる施策を実行しようとすると批判の対象になりやすく、実行者のモチベーションが下がることもある。

⑤〇：各職種のキーマンが、満足度調査に自らがかかわることにより結果に対するコミットメントが増す。キーマンのコミットメントを得ることにより、それぞれの職種に対する説得力を得ることができる。

患者満足度調査について、次の選択肢のうち正しいものを１つ選べ。

〔選択肢〕

①職員満足度調査に比べて、患者満足度調査を導入している病院は少ない。

②外来患者へのアンケート調査は、外来終了後に自宅へ調査票を郵送し、回答してもらう形が望ましい。

③一般的に、総合満足度に最も大きく寄与するのは接遇対応であることが多い。

④調査結果によって、会計方法の改善希望があれば、できるだけ早急に対応する。

⑤調査結果によって施策を実行した後は、最初の調査と同様にアンケート形式による調査で効果を測定する。

解答 2　③

解説 2

①×：患者満足度は、職員満足度よりも世間への浸透が早かったこともあり導入している病院が多い。

②×：外来終了時の会計までの間にアンケートをとることが望ましい。郵送方式は、慢性疾患の患者であれば次回来院時に回収が可能であるが、急性疾患で１回きりの来院であると回収率が下がる。

③○：接遇対応は、入院患者であれば入院中の生活の質、挨拶、職員の対応、食事など、外来患者であれば挨拶、待ち時間時の対応などを指す。この分野の向上のために教育研修などの投資をしている病院は多い。

④×：急激な変化は、患者に違和感を与える原因になり得る。会計方法をはじめ、椅子の配置の変化、雑誌の種類などは、患者がこれまで慣れてきたものでもあるので、事前に告知をしたりして徐々に慣れてもらい、従来からの患者にも続けて来院してもらうようにする。

⑤×：職員満足と同様に、インタビューにて効果を測定する。医師・看護師に依頼して診療中に雑談として施策効果の確認をするのも良い。

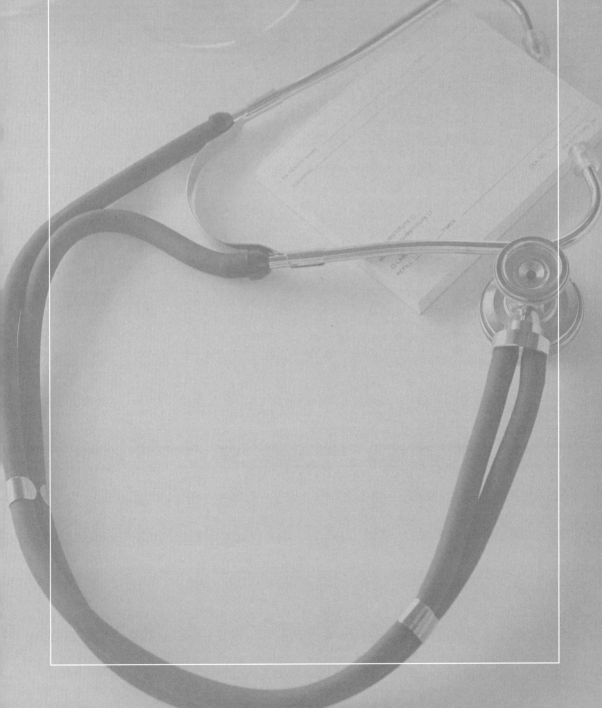

第4章

地域医療連携とサービスマネジメント

経営面から考察する地域医療連携

地域医療連携とサービスマネジメント

経営面から考察する地域医療連携

1　はじめに

　医療を取り巻く状況は、超高齢社会の進展とともに変容している。そしてまた「地域連携」もしかりである。医療現場において地域連携は、非常に重要なキーワードであり、従来とは仕組みも役割も大きく変化している。

　例えば、地域連携室は国が目指す「地域包括ケアシステム」に沿った活動・組織に変わってきた。人員配置も社会福祉士などの有資格者はもちろん、医師や看護師、ケアマネジャーなどが在籍し、それぞれの職能や属性を活かしながら、当該病院ならびに地域を支える責務を担っている。

　本章では主に経営面から地域連携を考察し、併せてサービスマネジメントをレビューした後、これからの地域連携に求められるものを模索してみたい。

2　高齢化と地域包括ケアシステム

　『令和元(2019)年版 高齢社会白書』によると、2018(平成30)年10月1日現在、わが国の総人口1億2,644万人に占める65歳以上の人口は3,558万人、総人口に占める割合(高齢化率)は28.1％となっている。そのうち、65歳〜74歳は1,760万人(総人口に占める割合は13.9％)、75歳以上の人口は1,798万人(同14.2％)で、65歳〜74歳人口を上回っている。さらに推計では2065(令和47)年には、約2.6人に1人が65歳以上、約3.9人に1人が75歳以上という報告がなされている。今後ますます少子高齢化は拍車をかけて進行し、75歳以上人口がピークとなる2025年に向けて地域包括ケアシステムが整備されつつある。

　地域包括ケアシステムとは、地域の実情に応じて高齢者が要介護状態となっても、自分らしく可能な限り住み慣れた地域でその有する能力に応じて自立した日常生活を営むことができるように「医療」「介護」「予防」「住まい」および「生活支援」が一体的に提供される体制である。

　こうした社会的求めに応じて、病院機能の1つである「地域連携」も役割が変化している。つまり、地域包括ケアシステムが運用されるためには、自院を取り巻くさまざまな関係機

関・施設との連携がますます重要となっている。

3　地域連携の重要性

　包括的な地域連携の重要性は、日に日に増大している。それは医療法そのものの歴史が、医療サービスの機能分化・促進の歴史であることに起因している。さらに高齢化の加速によって、もはや病院は自らの機能のみでは、十分にその地域で貢献することができなくなってきている。地域の他の医療機関、介護施設、在宅サービスなどとの機能連携が必須なのである。そして、この機能連携を効果的かつ円滑に進められるか否かは、地域連携の手腕にかかっており、その医療機関の存在意義をも左右すると言えよう。そして、言わずもがな経営そのものにも大きなインパクトを与えるものとなる。

4　病院経営における医業収益向上のための施策

　地域連携が経営面にどのようなインパクトを与えるかを見る前に、一般的な病院経営を「収益面」から考察してみよう。

　図4-1、図4-2にまとめているように、病院経営の中心は医業収益であり、それを増大させるためにはさまざまな施策が必要となる。もちろん、治療に専念し、質の高い医

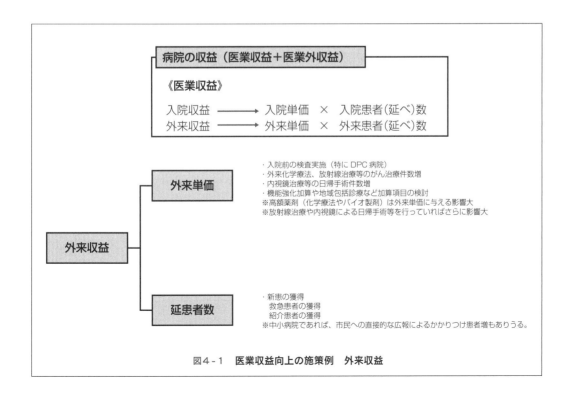

図4-1　医業収益向上の施策例　外来収益

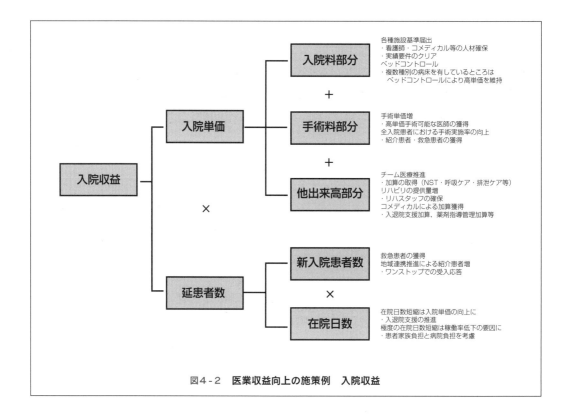

図4-2　医業収益向上の施策例　入院収益

療サービスを提供することが基礎にあるが、単に入退院を繰り返すだけではなく、これらの細部を意識して運営することでかなりの収益の差が出ることは否めない。

　特に、多くの病床を持つ急性期病院であれば、病床稼働率・回転率を高めることで、医療資源をより効果的に活用することができ、結果として医業収益の向上につながる。従来の出来高制はもちろんDPCに至るまで、入院基本料の基礎の上に手厚い治療を付加していくなかで、適切なタイミングでの退院、収益がベストな状態での退院を促進することが、病床区分による違いはあるにせよ、経営上、収益上においては必要な施策となる。

　言い換えれば、入院基本料をベースに医療サービスを提供していくなかで、より一層の医療資源の効率化のために、次の重篤患者を受け入れる運営がとられるのである（病床回転率の向上）。つまり平均在院日数の短縮を進めつつ、新入院患者数を向上させることが望ましいということだ。特にDPCなど包括病棟が多いのであれば入院期間Ⅱを目安にした退院を基本とし、稼動率と回転率とバランスをとることが有用である（図4-3）。

　また一方で、病床全体の運営状態にそのような必要性がない場合、多少とも在院日数を長くとるような施策もあり得る（病床稼働率の向上）。 稼働率と回転率のバランスをとりながら、医療資源を適切に分配することが病院経営の収益上求められている。

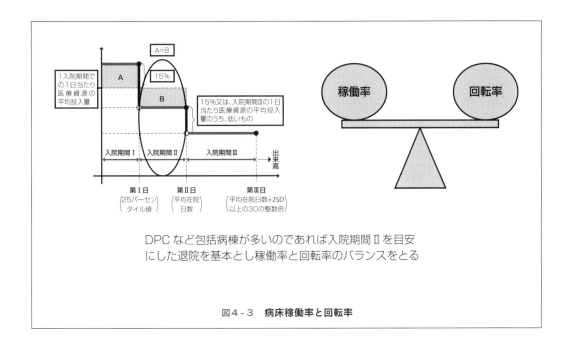

DPCなど包括病棟が多いのであれば入院期間Ⅱを目安
にした退院を基本とし稼働率と回転率のバランスをとる

図4-3　病床稼働率と回転率

5　地域連携が経営面に与えるインパクト

　院内における診療報酬や施設基準対応、さまざまな加算取得などの経営施策は極めて重要である。一方で、病院経営の安定には多くの患者が必要となる。そこには地域連携が必ず関与している。

　図4-4に示しているように他の医療機関から患者を集める前方連携、退院支援先の施設や後方支援病院、救急隊との信頼関係の構築、在宅リハビリや訪問看護ステーションなどの在宅医療の立ち上げ、他の医療機関や施設関係者との共同指導など、外来・入院患者獲得に向けたさまざまな取り組みは、地域連携なくしてはあり得ない。地域連携は外部からの患者獲得という面で、病院経営を左右する重要な機能なのである。

　回復期病院では、地域の有力な急性期病院との連携、専門病院においては、当専門診療科の地域開業医との連携活動も必要である。維持期においては自院内での院内パスが可能であれば無論のこと、そうでない場合は、地域の急性期から紹介・連携や広報活動など、独自の施策が必要となる。病院・施設、それぞれの立ち位置に沿った、個別の地域医療連携が必要なのである。

　経営を追求しつつも図4-5で示すように、地域連携は病院と地域全体を見据えた連携が必要となり、患者、利用者、生活者が可能な限り地域で自分らしい暮らしを続けられるように支援する連携を構築することが、結果として利益をもたらす施策となる。

入院患者数、外来患者数の増患

・前方連携の強化
・ABC分析（効率的な連携活動）
・地域医療機関、介護施設と信頼関係構築
・救急隊との信頼関係構築
・定例勉強会、懇親会
・紹介・逆紹介の推進
・広報活動強化
・後方連携強化
・在宅部門の立ち上げ・拡大

その他の収益向上施策

・より具体的な取り組み
・連携パス、共同指導、共同手術
　など

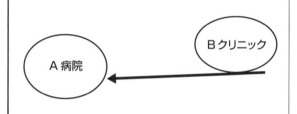

図4-4　患者数増大・医業収益のための施策

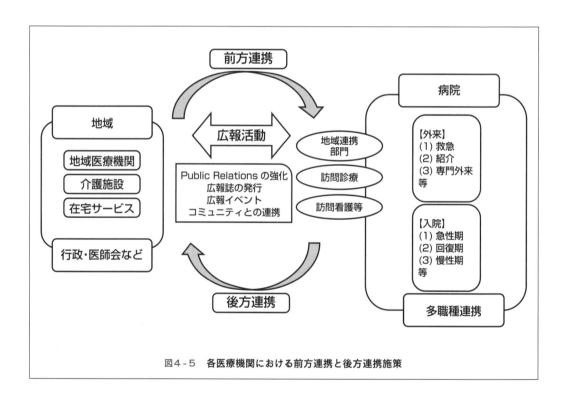

図4-5　各医療機関における前方連携と後方連携施策

6　地域連携を越えたコミュニティをつなぐ広報連携

　ここまで経営面から地域連携の重要性について述べた。今後の連携に求められる重要なタスクは、「地域コミュニティ」との繋がりである。地域包括ケアシステムの成功を目指し、

地域連携のあり方は大きく変化している。しかし、主役である患者にとっては、まだまだ便利の悪いシステムというイメージが払拭できていないと推測される。なぜなら、患者や地域の生活者に対して、地域包括ケアシステムに関する情報、実情が十分に浸透しておらず、まだよく理解されていないからである。

地域連携の主役は高齢者である。ある急性期病院の事例を紹介しよう。

耳鼻科の受診希望で高齢者の女性が来院してきた。ところがその病院では耳鼻科を標榜していない。高齢者は医療機関や介護施設に接触の機会が少なくないとはいえ、各医療機関の標榜まで知っている人は少ない。持病ではない突発的な病を発症し、日頃から頼りにしている病院に女性は駆け込んだ。すると顔なじみの受付コンシェルジュの女性は親身に話を聞き、丁寧な説明を行い、すばやく連携医療機関の耳鼻科クリニックに予約を入れた。タクシーを呼び、この女性を玄関で見送った。高齢女性にすれば、駆け込んだ病院に対する信頼感はさらに増し、この地域で暮らす安堵感に包まるだろう。

最近では多くの病院で広報室や広報担当者が中心となり、地域の方向けにさまざまな広報活動を企画・実行している。医師・看護師をはじめとする多職種のスタッフが、院外での地域交流も積極的に行っている。例えば、予防活動の一環で、年金支給日に多くの高齢者でにぎわう商店街に、無償で血糖値測定、血圧測定、栄養相談、生活支援相談などを地域の医療機関や行政などと協力して行っている。このような広報活動の実戦が、今後は病院の利益に結びつく一因であると考察する。

広報活動は短期的には集患は望めないが、長期的に見れば「便利な病院」「なんでも教えてくれる病院」「親切な病院」として、患者や地域の一人ひとりの脳に深く記憶される。彼らが抱いたイメージがその病院のブランドとなっていく。広報活動は長期的な経営戦略といっても過言ではないのだ。

病院と患者との情報の非対称性を埋める努力が、「未病の潜在患者」を将来的に獲得する機会に繋がる。キーワードは患者や他の医療機関、施設にとっての「便利な病院」である。

地域医療連携とサービスマネジメント

1　医療機関におけるサービスマネジメント

　前節では、経営面での地域連携の重要性について解説した。ここでは地域連携をサービスマネジメントの視点から検討する。

　まずサービスマネジメントについて解説する。一般的にサービスには「無形性」「非在庫性」「時間と空間の同一性」「一過性」「プロセス認識の困難性」などの特性があるとされる。昨今、「医療はサービスである」との認識が医療者にも一般にも浸透しているが、自院でもそうした考えの元でさまざまな対応や工夫をしているのではないだろうか。

　患者サービスとして、医事清算における自動精算機の導入など、一部機械化も珍しくなくなってきた。最近ではオンライン予約やオンライン診療なども始まっている。また、受付や待合でのコンシェルジュ配置、人気コーヒーショップ店などを院内に設ける急性期病院も増えている。接遇を重んじ、職員教育の徹底を促す病院もあるだろう。このようにハード・ソフト両面で患者サービスを充実させている。

　医療サービス独自の特殊性として忘れてはいけないことは、「情報の非対称性」を埋めるということである。元来、病院は情報の非対称性が大きいという一面がある。情報の非対称性とは、医療者がもつ情報量と患者、地域に暮らす生活者がもつ医療や治療に関する情報量の差があまりにも大きいということだ。インターネットの普及で、ある程度の病気や治療に関する情報に誰でも容易にアクセスすることができるようになった。しかし、もち得る情報には偏りがあり、理解度には隔たりが生じる。

　医療者と患者との情報の非対称性を埋めるために、病院や医療者の歩み寄りや説明の工夫、分かりやすい発信はこれからますます高まる。なぜなら、情報の非対称性を埋める努力を惜しみなく行い、提供してくれる病院の信頼度は増加し、その病院は患者や地域に選ばれる病院となるからである。

2　地域連携に求められるサービスマネジメント

　多くの患者を受け入れ、在院日数短縮を図り、病床稼働率を向上させて、収益を向上させる。一方、退院先の医療機関や施設とカンファレンスや研修会・勉強会を実施し、顔

の見える連携を行い、シームレスな入退院調整で自院も地域も発展を遂げている。これは
地域連携の理想的な事例である。地域連携を成功させるには前方連携と後方連携のバラン
スが重要で、その根底には自らの経営だけではなく、その地域を考えた地域医療全体の底
上げへの理念と取り組みが必要となる。まさに地域連携はサービスとサービスの連携、い
わゆるサービス連携である。

地域包括ケアシステムにおいては、多岐にわたる連携先との関係性をより密に丁寧に行
い、患者や地域の医療機関や他施設などを「顧客」としてより認識し、職員ですらも内部顧
客としてとらえる必要がある。

地域連携にサービスマネジメントを浸透させるには、院外・院内マーケティングの展開、
顧客である患者や他医療機関、他施設やコミュニティにおける満足度の向上、経営理念と
しての「病院」「患者」「職員」の3者を頂点とした三角形の相互サービス提供関係を思考する
サービストライアングルの構築などが必要となる。

3 おわりに

医療マネジメント、医療サービス、医療マーケティングに関する書籍については、巻末
の参考文献のように多くの良書や研究論文が存在する。学習を機会にそれらに触れること
をお勧めする。

問題 1 地域医療連携について、次の選択肢のうち正しいものを1つ選べ。

〔選択肢〕

①地域包括ケアシステムでは、高齢者が自立した日常生活を営むことができるように「医療」「介護」「予防」「住まい」「生活支援」が個別に提供される。

②病院・施設、それぞれの立ち位置に沿った、個別の地域医療連携が必要となる。

③現在、地域包括ケアシステムは、患者や地域の生活者に対して十分、浸透していると言える。

④地域への広報活動は、短期的に集患が望めるため、できるだけスピード感をもって行う。

⑤地域医療連携を考える際に必要なのは、医療サービスが「情報の対称性」という特殊性をもっている点である。

確認問題

解答 1　②

解説 1

① ×：地域包括ケアシステムとは、地域の実情に応じて高齢者が要介護状態となっても、自分らしく可能な限り住み慣れた地域でその有する能力に応じて自立した日常生活を営むことができるように「医療」「介護」「予防」「住まい」および「生活支援」が一体的に提供される体制のことをいう。

② ○：例えば、①回復期病院における地域の有力な急性期病院との連携、②専門病院における当該専門診療科の地域開業医との連携活動、③維持期病院における自院内での院内パスなど、独自の施策が必要である。

③ ×：地域包括ケアシステムに関する情報、実情が十分に浸透しておらず、まだよく理解されていない。

④ ×：広報活動は短期的な集患につながらないため、長期的な経営戦略と考える必要がある。「便利な病院」「なんでも教えてくれる病院」「親切な病院」として、時間をかけて、患者や地域の一人ひとりの脳に深く記憶される。

⑤ ×：医療サービス独自の特殊性は、「情報の非対称性」。情報の非対称性とは、医療者がもつ情報量と、患者、地域に暮らす生活者がもつ医療や治療に関する情報量の差が大きいということ。この情報量の差を埋めることが求められる。

病院経営における収益面について、次の選択肢の
うち正しいものを１つ選べ。

〔選択肢〕

①病院経営の中心は、医業収益である。

②高額薬剤は、入院単価に与える影響が大きい。

③リハビリテーションの提供量の増加は、外来収益に影響する。

④極度の在院日数の短縮は、稼働率を向上させる要因になる。

⑤DPCなど包括病棟が多い場合には、入院期間Ⅰを目安にした退院を基本と
し稼働率と回転率のバランスをとる。

確認問題

解答 2　　①

解説 2

①○：病院の収益は、医業収益と医業外収益で成り立っている。医業収益は、入院収益と外来収益に分けられる。

②×：高額薬剤は、外来単価に与える影響が大きい。また放射線治療や内視鏡による日帰手術等を行っていれば、さらに外来単価に大きな影響を与える。

③×：外来収益ではなく、入院収益における入院単価の出来高部分に関係する。リハビリテーションの提供量に加え、チーム医療推進やコメディカルによる加算獲得も出来高部分に影響を当たる。

④×：在院日数の短縮は入院単価の向上につながるが、極度の在院日数の短縮は稼働率低下の要因となる。

⑤×：入院期間Ⅱを目安とした退院を目安とする。平均在院日数の短縮を進めつつ、新入院患者数を向上させることが望ましい。

第5章

ブランドと地域医療

1 なぜ、地域医療にブランド概念が必要なのか?
2 ブランドとは何か?
3 強いブランドとは?
4 ブランドと地域
5 ブランドと医療
6 地域ブランドとしての地域医療

① なぜ、地域医療にブランド概念が必要なのか？

1　「医療」におけるマーケティング活動

■（1）マーケティングとは

今日では既に、医療にもマーケティングの概念が有用であることに目新しさを感じることはないだろう。医療は人と人との関係性に成り立つある種のサービスである[※1]。サービス産業においては、事業の運用上、マーケティングの手法がよく用いられているところであるが、ゆえに、サービス産業の1つである「医療」にもマーケティングの有用性は間違いなくあるといえる。このことに異議を唱える向きはないだろう。

ある事業でマーケティング活動を行うとき、市場をセグメントに分割し、その上で、効率的に提供するサービスや財の効用を届けられるターゲット、並びに市場における自己のポジションを定め、他者との違いを常に確認しはかりながら、顧客にアプローチする手法がよく採用されている。

地域医療を例に挙げるとすれば、病院が提供する医療サービスを地域医療と定め、病院近郊の地域において、その地域に暮らす生活者にとって必要で、より身近な医療サービスを提供すること、並びに提供する環境を整えることであろう。

■（2）活動における注意点

気をつけておきたいのは、このようなマーケティング活動は市場に合わせた活動であることである。すなわち、まず地域に暮らす住民がおり、そして必ず患者が医療サービスを求めて病院を訪れることが前提となっている。言うなれば、病院の顧客は病院が創造するのではなく、既に存在している顧客に医療をマッチングさせて提供するという手法である。ここでいう顧客とは医療サービスの消費者であり、この消費者は自身が病気なりけがをしない限りは、医療機関への関心を持たない人々である。ということは、潜在的な医療サービスの消費者がその地域の住民として多数居住していたとしても、顧客自身がその気にならない限り、医療機関へ足を運ぶ理由はなかなか見つからないということになる。

※1　参考：真野俊樹著『医療マーケティング 実践編』日本評論社、2009年、27ページ

2 「医療」におけるブランディング

　本章で注目しているブランドという概念は、関心のない潜在顧客を待つ姿勢ではなく、積極的に顧客を開発する戦略である。ブランドはその送り手と受け手との関係性を強くする特性を持っている。ブランディングとは、ブランド構築をすることを意味し、これは組織の内部にも外部にも自己が他者と違うことを積極的にアピールする活動である。ブランディングの主たる活動の１つは自己への注目度や関心度を増強していくことであるから、人と人との関係性に成り立つサービスである医療において大変重要で、医療機関と地域の生活者との関係性の強化に十分有用な手段であるといえる。

　消費者に自己の存在を理解してもらうことは、顧客を作り出す最初のステップである。地域の生活者に、地域医療を行う医療機関があることを認識してもらう活動を長期にわたり続けることにより、医療機関のブランドの認知が地域に拡大していき、顧客自身が自発的に医療機関への関心を高め、ブランドを構築していく素地を作ることになる。

　地域医療は地域が求める医療サービスを提供する行為ではあるが、医療サービスを提供する医療機関にブランドが備わっていない限りは、その医療サービスの効用は限られてしまうのである。

3 本章の構成

　本章では、まず、「ブランドとは何か？」を、次に「強いブランドとは？」、そして「ブランドと地域」「ブランドと医療」を俯瞰して、最後に「地域ブランドとしての地域医療」を考え、地域医療におけるブランド概念の必要性を確認する。

② ブランドとは何か？

1 「ブランド」とは

■（1）語　源

　ブランドという言葉自体の語源をさかのぼると、「焼き印を押された」という意味のburned（英語）や、「焼き印をつける」という意味のbrandr（古ノルド語）であると言われている。焼き印とは、畜産業を営む生産者が自分の牛や馬が他の生産者の所有でないことを示すため、牛や馬のでん部に焼きごてでつける印のことである。焼き印は所有者の識別に用いられ、その印は次第に牛や馬の性能、品質や特性を含意する象徴として活用されるようになった。

■（2）定　義

　2007年に、アメリカマーケティング協会はブランドの定義を以下のように定めている[※2]。
　Brand: A name, term, design, symbol, or any other feature that identifies one seller's good or service as distinct from those of other sellers.
　「ブランド（brand）」は、売り手の財やサービスを特定し、その他の売り手とは異なることを識別して区別することができるような名前、用語、デザイン、シンボルなどの特徴のことである。多くの企業が販売する財やサービスが、他の企業が販売している財やサービスと異なる独自の価値があることを示し、そのことを周囲に知らしめる機能を持っている。あたかもブランドは、現代における焼き印のようなものといえるだろう。

■（3）ブランドの所有者

　ただし現在では、財やサービスのブランドについて、誰が所有しているのかということを考えるとき、所有者となり得るのは焼き印を押している生産者だけではないことに留意しておくべきである。というのは、財やサービスの製造あるいは販売をしている企業等のブランドの送り手がブランドを所有しているばかりではなく、財やサービスの消費をしている受け手もブランドを所有しているということである。すなわち、商品やサービスに「○

※2　参考：Brand: Dictionary – Resource Library - Marketing Power - American Marketing Association 2010. 1 .23アクセス

「○○らしい文脈、高品質、便益」のような独自の価値が備わっていることを認知し、理解し、納得しているというブランドの所有の仕方を、受け手は行っているのである[3]。

2 医療におけるブランドの価値と本質

例えば、病気になった患者が、近くの病院ではなく、遠くの病院へ通院することはよく聞くし、あり得ることと理解していただけると思う。病気の治療法は同じかもしれないのに、なぜ時間がかかってもわざわざ遠くの病院へ行くのであろうか？　なぜならば、遠くの病院で施されるであろう医療のもっともさ、説明の分かりやすさ、建物に入ってから出るまでの快適性などの独自の価値を、患者自身が認識しているからである。治療そのものばかりではなく、医療機関が提供する医療サービスの品質を総合的に判断し感じているからこその独自の価値である。この価値は、医師、看護師だけではなく、駐車場の警備員や受付の医療事務員など、医療にかかわる総員によって醸成される。ブランドの所有を患者も行っており、医療機関のあらゆる場所でブランドに接する瞬間があるわけだから、ブランドの価値とは医療サービスが提供されるすべての機会における総体にあることは当然である。

ブランドの所有というと、まず思い浮かべられるのは、ブランドのロゴがはっきりと示されているようないわゆるブランド品の所有かもしれない。確かにそれもまた一面的には正しい。しかしながら、ここで述べているブランドとは、物品やロゴや商標そのもののような表象的に形式として目前にあるモノのことばかりを言っているのではない。ロゴをつけようもなく、目に見えないサービス自体や心配りなどの出来事から受ける印象にもブランドが深くかかわっている。ブランドの本質はそのモノから連想される印象や世界観、背景等の目に見えないコトにも存在している。あらゆる活動、あらゆる場において人々の頭にイメージされるモノ、コトの総和こそがブランドなのである。

3 ブランドの特性

以上のことをまとめると、ブランドの特性が見えてくる。まず、送り手のみでは成立しないこと、そして、あらゆる活動や場を通じて受け手に想起されるイメージによってブランドの品質が変容することである。

ブランドは送り手と受け手の揺るぎない関係性をもって成立する絆である。その関係性とは、受け手から期待されるイメージに、送り手がその期待にたがわない約束を成立させられる信頼関係である[4]。信頼が長期にわたり送り手と受け手の間に成立するときに、

※3　参考：デービッド・A・アーカー著、陶山計介[ほか]訳『ブランド優位の戦略：顧客を創造するBIの開発と実践』ダイヤモンド社、1997年

受け手からのコミットメントがある強いブランドが形成されるのである[※5]。

　送り手と受け手の関係性は、商品やサービスの提供を受けるときの直接的なコミュニケーションばかりではなく、商品の広告を見たときの印象や、生産者の社会的評判、関係者のやる気、販促活動におけるアピール度などあらゆる活動においても存在している。要するに、送り手と受け手の関係性があるすべての機会にブランドの確立や価値の大きさは影響を受けているのである。

4　ブランドの確立がもたらすメリット

　ブランドの確立がもたらすメリット、すなわちブランドの意義とは、次のようなことである。

（1）リピーターの獲得に寄与する

　ブランドに対する高いロイヤルティを持った受け手は、そのブランドを体感し経験したいために幾度となくブランドに接触することを望む。この行動は高いシェアと収益をもたらすきっかけとなる。

（2）品質を保証し、良い評価を受け手に創造する

　容易にブランドの送り手のイメージが損なわれるようなリスクを、いたずらに高めるようなことをしない。

（3）流通における交渉力を高める

　仕入れ価格決定における優位性、チャネルの支配力における長じた能力を現出できる。

（3）ブランドのイメージは伸長し拡張していく

　ブランドイメージの活用や事業の多角化において、顧客の獲得における優位性を表す。

　強いブランドの確立が送り手にもたらす最大のメリットは、長期にわたる受け手との信頼関係である。長期にわたり築きあげられた信頼は、簡単には揺るがない特性を持っている。受け手が想起する次回への期待と、その期待に対する送り手による約束の履行というサイクルが、ブランドを徐々に強化していくのである。

※4　参考：博報堂地ブランドプロジェクト編著『地（じ）ブランド：日本を救う地域ブランド論』弘文堂、2006年
※5　参考：アルジュン・チョードリー原著、恩藏直人［ほか］訳『感情マーケティング：感情と理性の消費者行動』千倉書房、2007年

③ 強いブランドとは？

1 「強いブランド」が永らく残る理由

　前節では、ブランド自体がどのようなものであるのかということを中心に伝えてきた。これまでのことから、表現系としてブランドはさまざまな出現をしてくることが予想できるだろう。人間の社会生活に現れるブランドの中には、消えていく弱いブランドもあれば、永らく残る強いブランドもある。

　強いブランドが永らく残ること、あるいは永く残る強いブランドには、理由がある。それは、ブランドの送り手側が受け手側に常に働きかけ続けていることである。ブランドがよりよく維持し続けられるような強化サイクルが不断に行われているのである。強いブランドを持つ送り手は、常にブランドの管理、強化を行っており、次に挙げるような活動を率先している[6,7,8]。

2 ブランドの管理、強化活動

(1) ブランドメッセージの統合性、一貫性、整合性の管理[9]

　ブランドの送り手は、ブランドが発するメッセージの統合性、一貫性、整合性についてよく考慮し、統制している。ブランドの送り手から発信される情報はインターネットのホームページ、雑誌、新聞等のさまざまなメディアを通じて受け手に届いている。送り手はメディアごとの情報の補完性を考慮しつつ、メディアごとに情報の内容に齟齬が生じていないかどうか統合的に管理をする。メディアを通じて受け手に届くメッセージには中長期的な一貫性があることが望ましい。一定の期間、1つのテーマについて、趣意がぶれないように、手を変え品を変えながら主張を繰り返すこともある。そして、受け手に届く情報に

※6　参考：D・A・アーカー著、陶山計介［ほか］訳『ブランド・エクイティ戦略：競争優位をつくりだす名前、シンボル、スローガン』ダイヤモンド社、1994年
※7　参考：トム・ダンカン、サンドラ・モリアルティ著、有賀勝訳『ブランド価値を高める統合型マーケティング戦略』ダイヤモンド社、1999年
※8　参考：DIAMONDハーバード・ビジネス・レビュー編集部編・訳『「ブランディング」は組織力である』ダイヤモンド社、2005年（Harvard business review anthology）
※9　参考：阿久津聡、石田茂著『ブランド戦略シナリオ：コンテクスト・ブランディング』ダイヤモンド社、2002年

ついての整合性をあらゆる場面で図っている。

(2)理念、使命、ビジョンの明示

受け手の期待に対し、送り手が約束を履行しようとしていることを明確にする。経営の理念、使命、ビジョンなどを明示し、日常からどのような活動をして約束を果たそうとしているのか明確にしている。

(3)個別性の尊重

受け手が持つ個別性に尊重をおいている。受け手が個別に持ち合わせている価値観、ライフスタイル、アイデンティティを送り手側も個別に把握し、共有できていることを個別に明示する。例えば、お得意様のみに行われるサービスなどである。

(4)明確な独自性

独自性があることをはっきりと自覚している。そのブランドにしかない、ユニークな活動や特性を明確に定めており、ブランドの価値をはっきりと評価している。ブランドとは、自他の区別をする焼き印である。中身、本質が他者と違わなければ、ブランドはくっきりと立ち上がってこない。どのようなブランドにおいても、必ず独自のアイデンティティ、価値観、歴史があるに違いないから、その独自性を自覚し主張できることが重要である。

(5)良好なコミュニケーションの成立

送り手と受け手との良好なコミュニケーションが成立するように気を配っている。ブランドは送り手が発信するだけでは成立しない。受け手がブランドの本質を認識して初めてブランドとして成立することになる。送り手と受け手との間には、ブランドにおける共通の価値観が存在しているはずである。この価値観を共有できる、理解できる文脈が必ずブランドの中には生きている。ブランドの意図が素直に受け手に届くような環境を、送り手は意図的に整備するのである。例えば送り手は、心を開くカギとなるようなキャッチコピーやテーマカラー、音声などを定めて意識的に繰り返し用いつつ、受け手との関係性を統合的に管理している。

(6)ブランドは組織の外部と内部両方に存在意義を発揮

ブランドの受け手は組織の外部のみではなく、組織の内部にもいる。企業でいえば、消費者のみではなく社員も取引先の顧客もブランドのメッセージを受けているし、病院では、患者のみではなく患者の家族も医療関係者もブランドのメッセージを受けている。ということは、ブランドは組織の内部の関係性にも影響しているのである。

強いブランドを持つ送り手は組織の外部を意識しているだけではなく、内部の関係者や

さまざまな利害を共有するステークホルダーにおいて、ブランドがどのような影響を及ぼすか、どのような意味を明示できるのか常に意識している。そして内部、外部にかかわらずブランドによる強い信頼性を構築しており、受け手からの高いロイヤルティを獲得している。強力な組織力のある企業は必ずブランド・ロイヤルティを高める努力を行っている。

3 ブランドの役割──組織構築における存在意義

　以上から、強いブランドに共通しているのは何であろうか。それは、そのブランドならではの魅力に磨きをかけることを全方向に行っていることである。自己の価値に付加価値を加え続けるダイナミックな活動。それ自体もブランドなのである。

　ブランドをただ単純にお金に換算できるか否かだけでとらえていては、見落とす部分があるかもしれないことを理解していただけるのではないだろうか。永続的な歴史、コミュニケーションの深さ、組織力の強さなどは、ブランドの受け手次第では、送り手が設定したある一面では価格を超越した存在である。ブランドの価値に対し直接に対価を支払った人物のみではなく、対価を支払おうと支払うまいとそのブランドを認知している人物にも影響を及ぼしているのである。

　私たちはあるブランドの良さを知っていて、いつの日かそのブランドによってしか得られない価値を体験したいと想い焦がれていることがある。ブランドには、人を惹きつけ、人の意識を集約する魅力がある。商品やサービスを販売する戦略の役割を持つだけではなく、人と人のつながりを豊かにし、組織を構築する役割としても存在意義を発揮している。

ブランドと地域

1　「地域づくり」「まちづくり」におけるブランドの活用

　実際に、ブランドの概念は地域やまちの組織化、「地域づくり」や「まちづくり」に活用されている[10]。例えば、ツーリズム、観光の場面でブランドを感じることがあるだろう。外国人の旅行者が日本を訪れた際、「KYOTO」という音の響きに接するにつけ、日本ならではのブランドを期待していることがある。この期待にたがわぬ京都ならではの日本らしさを提供し続けるという約束を、京都に暮らしている住民、特に観光業にかかわる人々は、常に実行し続ける努力を行っている。それこそ立ち居振る舞いであるとか、場所が分からなくて困っていそうな外国人の旅行者への対応などをシミュレーションし、実際の機会に生かしているのである。これはまさに、ブランド構築のために活動し続けている姿にほかならない。その活動が、「再度京都に来訪してみたい」と外国人旅行者に思ってもらうサイクルを生み出していくのである。

2　地域ブランドを作る方策①　組織作り

　地域ブランド構築のために最も重要なのは、組織作りである。というのは、地域に暮らす生活者にはさまざまな利害が混在している。もし利害が対立しても、それを乗り越えられるようなたくましい人々こそが、地域にブランドを構築することができるからである。多くの意見をまとめあげていくことができる人々で構成される推進母体作りが、地域ブランド構築の成否を握っている。地域ブランドの成功のためには、その地域ならではのブランドに関する理解を深め、外向きにブランド戦略を展開するばかりでなく、内向きにブランド戦略を導入することの意義と意味を、地域の生活者自身が共有することも求められている[11]。

　「地域の生活者自身がその地域に暮らして良かったと思える」「自分が暮らしている地域にぜひ多くの人々に来訪してほしい」「来訪者にその地域の良さをぜひ伝えたい」──ブランド概念はこのような「まちづくり」に親和性がある。なぜならば、ブランドは人々のかか

※10　和田充夫著『ブランド価値共創』同文舘出版、2002年
※11　敷田麻実、内田純一、森重昌之編著『観光の地域ブランディング：交流によるまちづくりのしくみ』学芸出版社、2009年

わりにおける期待と約束のサイクルをスムーズに回転させ、人々のつながりを豊かにし、組織を構築する役割にうってつけだからである。

3　地域ブランド構築の方策②　象徴作り

　京都に諸所の観光スポットがあるように、人気のある地域には、その地域らしい、その地域ならではの魅力を想起させる印象的で象徴的な事物が必ずある。独自性のある特産品や温泉などの地域資源を有効に活用して、その地域をすぐにイメージできるような象徴を作ることは、地域ブランドの構築において重要な項目の1つである。

　地域の個性を発見するには、地域をよく見て、さらに自分たちもよく見ることが必要となる。そのポイントは以下の3点である。

① 　その地域に暮らしている生活者にしかない独自性は何か？　その地域にしかない資産について生活者はどのように価値を感じているのか？

② 　地域に生活しているなかで、どのようなことに不安を感じているのか？

③ 　自分たち自身は他者からどのような印象を持って受け止められているのか？

　この観察の経過によって、その地域に期待されていて、しかもその地域にしかないとされる概念が徐々に浮かび上がってくる。その地域に暮らす人々が自らの地域に対して自信が持てるようになり、この浮かび上がってきた概念が、独自のブランド価値があると自負できる核となる。

　健康に不安がなく、もし、けがをしたり、病気になっても安心して暮らせるまちをつくるのは、行政ばかりでなく、その地域に暮らしている生活者自身であろう。ブランド構築の活動は組織の外部にも内部にも作用する。医療機関による医療機関のブランド構築活動も、しかりである。医療機関は医療サービスを提供することだけではなく、地域の生活者の1人としての価値も提供することができるのではないだろうか。

⑤ ブランドと医療

1　ブランドと医療サービスの関係

　医療機関が患者に提供する財は、文字通り医療サービスである。ということは、医療機関のブランドの本質的価値は、サービスの質に影響されて変化する。良いサービスの提供は強いブランドに支えられるであろうし、サービスが良くなければブランドの強さが減じられてしまうだろう。

　ここでは、医療分野におけるブランドの価値を左右するサービスの特殊性について紹介し、ブランドと医療について論ずる。サービス産業においてブランドを構築するには、そのサービス財としての特殊性、独自性を理解しておくべきである。

　サービスにはいくつかの特性がある[12,13]。その特性を取り上げる。

2　サービスの特性

（1）サービスは可視的ではない

　サービスは本質的に物質として存在せず、実体として可視的な有形物ではない。そのため、もともと実体のない無形的な「サービス」を、シンボル、ロゴマーク、看板などにより、可視化、有形化することは有効なブランド構築の活動である。その際は、統合的で一貫性があり、整合性のある表現にすることが望ましい。例えば、病院のロゴマークは病院から外部へ伝達されるすべての物品に記されていること、病院のテーマカラーが決まっていて、その色が引き立つような色合いで病院のすべての資産が設計されていること、看板には文字を読めなくても一目で理解できるピクトグラム（絵文字）が表示されていることなどである。

（2）生産と消費が同時に起こる

　サービスの送り手と受け手の需給は時間的にも空間的にも集中しており、非分離的で

※12　参考：小川孔輔著『ブランド戦略の実際』日本経済新聞社、1994年
※13　参考：真野俊樹著『医療マーケティング 第3版』日本評論社、2019年

サービスの生産と消費は同時に起こる。逆をいうと、効率の良いサービスは、時間的に限定されており、空間的にも限定されていることになる。すなわち、「今、ここ」だけの他にはない価値を表せることは、そのブランドにとっての強みである。その病院でしか体験することができない、特別な治療法があることは強みといえるだろう。

▌(3)在庫を保管できない

サービスは物質財ではないから、在庫を保管しておくことはできない。二度と完全に同じサービスを提供することは不可能である。1回限りでサービスは消滅してしまうのである。しかし、送り手はブランドの受け手に対し、常に前回の印象や知覚以上の価値があるサービス財を提供できるという約束を履行する活動を通じて、ブランドを強くすることができる。「あの病院に行けば、前回と同じように間違いなくすぐ治してくれる」というような満足感のイメージを刷り込むには、その期待に繰り返し応え続けることが求められている[14]。

▌(4)プロセスを共有する

サービスは、その送り手と受け手が共同して作り上げることにより実現する財である。送り手と受け手は両者の間でサービスが成立するまでの流れを一連のプロセスとして同時に体験している。例えば、診察室内での医師と患者のコミュニケーションが、これにあたる。良好なコミュニケーションが図れた場合とそうでない場合の、患者が得る印象がどのように違うものかは想像できるだろう[15]。

3 医療サービス＝医療機関が行うすべてのサービス

サービスの内容には「心を通わす」や「言葉を交わす」といった、顧客と提供者との情感的な相互作用や交流が含まれている。ゆえに、医療サービスをここで意味付けるとすると、「医療を提供するというサービスだけではなく、医療機関が行うすべてのサービス」ととらえたい。

医療機関が行うすべてのサービスが医療におけるブランド構築にかかわる。ブランドは組織の内部にも外部にも影響していることは既に述べたところである。内部、外部にかかわらず、また、医療技術であるかないかにかかわらず、医療機関が行うすべてのサービスがブランド構築に重要な要素となっている。

※14　参考：真野俊樹著『健康マーケティング』日本評論社、2005年
※15　参考：真野俊樹著『医療マネジメント』日本評論社、2004年

6 地域ブランドとしての地域医療

1 地域ブランド構築による地域医療の推進

　ブランド構築という方法論は、地域における「まちづくり」にも、医療サービスの提供にも親和性があり、戦略的に応用されている。ブランド構築は、その活動を行っている組織の外部だけでなく、その内部のつながりやかかわり合いをも強固にしていくプロセスでもある。ブランドは地域のつながりと医療サービスを強化することができるのだから、同様に地域と医療との結び付きも強化することができるだろう。さらにいえば、地域ブランドという概念は、地域医療を強化することができると考えられるのではないだろうか。

2 地域における医療機関の存在意義

　地域医療は、地域住民が望んでいる医療サービスを病院の建物内部だけで行うのではなく、病院の外部にも往診、健康指導、予防推進事業への参画などを通じて提供していく活動でもある。この概念は、まず、前提として地域が成立しており、その地域にある医療機関が地域の生活者を支えるというように解釈できる。

　しかし、上記の解釈にとどまらず、そこに地域ブランドの概念を加えると、医療機関の役割が少し違って見えてくる。すなわち、地域の「まちづくり」を行うにあたり、その地域にしかない、その地域らしい独自性のあるコンテンツの1つとして、医療機関が存立しているととらえてみるのである。そうすると、地域医療を担っているのではなく、地域医療を行っている医療機関の存在意義が、くっきりと地域に立ち上がってくることが分かるだろう。

　つまり、ある病院が、ある地域にあったとして、「この病院は、この地域の医療を支えるために、地域医療を推進している医療機関である」と、とらえるのではなく、「この病院は、この地域の"まちづくり"をするために、地域のブランド構築を行う医療機関である」と、とらえるのである。

　すなわち、「医療関係者自身も、地域の生活者のうちの一人であり、医療機関の活動そのものがその地域らしい、その地域にしかなく、他の場所にはない独自の地域ブランドの象徴である」という、考え方である。

3　地域医療を具現化する医療機関のあり方

　地域医療の推進は地域ブランドの構築ともいえる。「安全で安心に暮らすことができる地域の象徴として、地域の歴史を作り、地域の独自性をくっきりと明示する。そして、地域のコミュニティの核となり、地域の組織化を図り、地域に暮らす生活者の一人として地域の暮らしの向上を目指す医療機関」という理念や使命を持った活動は、地域へのサービスを行う医療機関による地域ブランドの構築ととらえられるだろう。

　ブランドは、人と人との期待と約束を不断に行う絆である。医療機関のブランド構築にとって、医療サービスの質は重要であるから、その医療機関がある地域のブランド構築につながるし、医療サービスの質が重要な役割を担う「まちづくり」ができると思われる。

　「医療サービス＝まちづくり」である医療機関。

　地域の特産品としての医療サービス。

　地域のシンボルとなっている病院。

　そのような医療機関のあり方が、地域医療を具現化していくことになる。

確認問題

 問題 1 **ブランドについて、次の選択肢のうち正しいものを1つ選べ。**

〔選択肢〕

①ブランドは、財やサービスの製造あるいは販売をしている企業等といった送り手だけが所有しているものである。

②物品やロゴ、商標そのもののような表象的に形式として目前にあるモノでなければ、ブランドと言えない。

③ブランドの確立がもたらすメリットには、流通における交渉力を高めることが挙げられる。

④強いブランドとするためには、時代や社会状況に応じて、ブランドメッセージを常に変化させていくことが大切である。

⑤ブランドは、組織の内部の関係性には影響しない。

解答 1　③

解説 1

①×：財やサービスの消費をしている受け手もブランドを所有している。商品やサービスに「○○らしい文脈、高品質、便益」のような独自の価値が備わっていることを認知し、理解し、納得しているというブランドの所有の仕方を、受け手は行っている。

②×：ブランドの本質は、そのモノから連想される印象や世界観、背景等の目に見えない事柄にも存在しているため、目に見えないサービス自体や心配りなどの出来事から受ける印象にもブランドが深くかかわっている。

③○：仕入れ価格決定における優位性、チャネルの支配力における長じた能力を現出できる。その他のメリットとしては、「リピーターの獲得に寄与する」、「品質を保証し、良い評価を受け手に創造する」、「ブランドのイメージは伸長し拡張していく」がある。

④×：中長期的な一貫性があることが望ましい。強いブランドの送り手は、ブランドが発するメッセージの統合性、一貫性、整合性についてよく考慮し、統制している。

⑤×：ブランドの受け手は組織の外部のみではなく、組織の内部にもいる。病院でいえば、患者だけでなく患者の家族や医療関係者もブランドのメッセージを受けている、ということを意識しなければならない。

問題 2 ブランドと医療・地域について、次の選択肢のうち正しいものを1つ選べ。

〔選択肢〕

①医療機関のブランドの本質的価値は、サービスの質に影響されない。

②医療サービスにおいては、生産と消費が同時に起こることはない。

③医療サービスは、その専門性により、サービスの送り手と受け手がプロセスを共有することは難しい。

④ブランド構築を考える際、医療サービスは、「医療を提供する」というサービスのみに限定される。

⑤地域ブランドという概念は、地域医療を強化することができる。

確認問題

解答 2　⑤

解説 2

①×：サービスの質に影響されて変化する。良いサービスの提供は強いブランドに支えられ、サービスが良くなければブランドの強さが減少する。

②×：サービスの送り手と受け手の需給は時間的にも空間的にも集中しており、非分離的である。

③×：医療サービスであっても、送り手と受け手は両者の間でサービスが成立するまでの流れを一連のプロセスとして同時に体験する。例えば、診察室内での医師と患者のコミュニケーションが、これにあたる。

④×：医療機関が行うすべてのサービスが、医療におけるブランド構築にかかわる。

⑤○：ブランドは地域のつながりと医療サービスを強化することができ、結果、地域と医療との結び付きも強化することができる。地域医療の推進は地域ブランドの構築につながる。

第6章

ネット戦略と地域医療

1 IT時代のマーケティング
2 ネット戦略の概要
3 ネット戦略の方法
4 ITマーケティング活用の米国の事例

IT時代のマーケティング

1　IT時代の到来

　この章では、時代の大きなうねりでもあるIT (Information Technology：情報技術) 化とマーケティングの関連について考えてみたい。

　ある人がある企業に対して不満をもったとしよう。対面の場合には、よほどの人以外は直接不満を言わないだろう。しかし、何も言わずに次からは買わないかもしれない。この顧客とのインターアクションとでもいうべきやりとりは、情報通信機器の発展によって変わってくる。

　以下、情報通信の発展の順に記してみる。

①**電話**：ふつうの人は、よほどの不満があるとき以外はかけない。

②**メール**：不満を伝えたいときに気楽な方法。ただ、発信元が通常は特定される。

③**コミュニティへの書き込み**：例えば、食事であれば「食べログ」、旅行ならば「トリップアドバイザー」のような情報サイトに対して気軽に書き込む。筆者の周りでも多く、「書き込んでやった！」という声を聞く。

④**ブログ**：ちょっとしたことでも書ける。実際、筆者もブログ（「つれづれならぬ医療と生活のブログ」）をはじめており、時々自分が受けたサービスについての意見や考え方を書いている。自分のサイトだともちろん発信者が特定されるが、ブログへの書き込みであれば特定されない。

　インターネットが普及していない時代は、企業は対面か電話でしか消費者の声を聞くことができなかった。しかし、今ではまったく状況が変わっており、直接医療機関に対してのみならず、周辺での書き込みにも目を光らせていなければならない時代になっている。実際、企業では「2チャンネル」などの情報発信力があるサイトに対しては定期的にチェックしていることが多い。

2　さまざまなネット戦略ツール

　インターネットを使ったマーケティングの特徴は、上述したような受け身のもの以外に、直接個人に情報を提供できることも挙げられる。特に最近利用者が多いソーシャルメディ

アといわれているものには、「LinkedIn（リンクトイン）」や「Facebook（フェイスブック）」などのSNS（Social Networking Service）、ブログ、動画共有の「YouTube（ユーチューブ）」、写真共有サイト「Instagram（インスタグラム）」などがある。

「Facebook」は2017年では、月間アクティブユーザー数が全世界で20億人を超えている。また、トランプ大統領も前オバマ大統領も選挙活動で「Twitter（ツイッター）」を使っていたと話題になったが、「Twitter」の活用も最新のネット戦略だと思われる。

　これらは、個人が互いに情報発信を行い、仲間を広げていくメディアである。医療においても、これらの特徴をネット戦略として利用することが有効であろう。この例として、本章4節で米国の有名病院であるメイヨークリニックの例を紹介する。

　医療機関もマスメディアを経由しなくても、ネットサービスや自院サイトを使って生活者に対して直接、情報を伝えられるようになった。そして、ネットを使えば、双方向コミュニケーションを以前よりはるかに安いコストで行えるため、一方通行ではない医療機関と生活者とのコミュニケーションも可能になってきた。その意味では、インターネットは、容易にネット戦略を実現できるすばらしいツールであるといえる。

　ITを活用したマーケティングとして“Web2.0”マーケティングが話題になっている。これは、「口コミ」につながる。

　ホームページ（HP）づくりのポイントとして、下記に留意してはどうだろうか。

①独自性があるホームページをつくる。
②医療機関の情報だけでなく、健康相談などの医療情報や地域情報を提供する。
③HPに患者さんとの連絡用のアドレスを入れる。
④スタッフ募集や学生実習募集などに活用。

　このような点を考慮し、地域に必要なHPを独自の視点でつくり上げ、地域住民にITを使ってリアルタイムに情報提供していくことが、他との差別化につながり、重要な経営戦略となる。

3　地域医療とIT

　ここで地域医療を例に挙げるとすれば、医療側の視点としては、病院が提供する医療サービスを地域医療と定め、病院近郊の地域において、その地域に暮らす生活者にとって必要で、より身近な医療サービスを提供すること、ならびに提供する環境を整えることであろう。

　医療サービスにおける地域連携は、サービスとサービスの連携、いわゆるサービス連携にほかならない。医療の内容および患者さんの価値観の拡大によって、単一のサービスを1つの病院だけで安定的に供給すること自体が困難になってきたので、それらを結合させ、

シームレスなサービスとして複数サービスを連携させることが必要になってきた。しかし、この実現にはさまざまな課題がある。ただ、この問題の解決こそが、まさに患者視点の1つなのである。そして、この解決にはIT技術が役に立つ。

　医療側の例を挙げよう。急性期病院でよくある話であるが、在院日数を短縮させたところ、病床稼働率が下がった。そのために、急性期というより療養に近い患者を入院させて病床稼働率を上昇させたところ、一時的に収益が向上した。しかしながら退院の促進がなかったために、入院を受け入れることができなくなった。そこで退院を促進するために退院患者の受け入れのための病院を調査し、患者を退院させたところ、退院患者から多くの不満が出て、また自院に戻ってきてしまう結果となった。そこで何度もカンファレンスや研修会・勉強会を受け入れ先の病院と実施したところ、退院もスムーズに進み、入・退院がスムーズになることで病床稼働率・回転率が向上し、在院日数も短縮し、改善が進んでいる、という。

　本来は、勉強会などのアナログなものだけではなく、ITを使った情報共有も重要である。こういったシームレスな連携にはITは欠かせない。

4　Personal Health Recordの概念

　少し大きな視点で見れば、ITでつながっていさえすれば、患者さんがどこにいようとも連携は可能なのである。それがPersonal Health Record（PHR）という概念である。PHRは、医療情報のみならず健康情報である医療・介護・福祉の分野で取り扱う情報を蓄積でき、本章4節で述べる米国の最先端病院では導入されているITである。利用者はポータルサイトを利用して散在する情報を管理できるサービスである。

　例えば、仮に海外旅行中であっても、患者を起点としてデータをやりとりできるしくみの構築といったことが大きなテーマになろう。

　厚生労働省にも動きがある。「疾病又は事業ごとの医療体制について」にかかわる指針を見直すための検討会を、2010年12月に5年ぶりに開いたのである。ここでは、DPC（Diagnosis Procedure Combination：診断群の分類）包括評価のデータの果たした役割が大きい。すなわち、DPCデータで地域の医療の実情を分析し、自院の強みや弱みの分析を行い、ひいては地域医療に反映させることができるからである。

　この席で、当時の唐澤剛大臣官房審議官は、民間病院が多い日本の医療計画は誘導的な性格をもつものとなると前置きし、「それぞれの地域の医療・介護を視野に入れた医療提供計画をどうつくるか、重要な時期に差し掛かっていると思う」と述べた。誘導的な政策が良いのかどうかという議論も含め、IT化やデータ化が医療を変えていくよい例になると思われるので、発言を紹介した。

❷ ネット戦略の概要

1 病院でのネット戦略

　ネット戦略の特徴は、個人に直接、情報を提供できることである。個人が互いに情報発信を行い、仲間を広げていくメディアが増えた。地域医療においても、これらの特徴を持つメディアをネット戦略として利用するのは有効であろう。

　しかし、病院が行うネット戦略は、予算や人材などの面で企業と同様にできない事情もある。また、宣伝と広報の一線に迷う医療機関も多くあり、なかなか一歩を踏み出せない。しかし、病院ランキング本や医療特集が多くの人に読まれ、医療番組の視聴率が高いということは、生活者は医療に対して興味を持っているということである。その点を考慮するならば、病院として正しい情報や自院のデータ、自院の医師、また、連携をする医療機関の情報などを生活者に発信することは当然のことと考える。そのような意味を含んで、ネット戦略を展開したい。

2 ネット事情

　これまで多くの「情報」は、既存のメディアから一方的に流れてくるものであった。医療機関の広告は規制によって制限されており、企業のような広告宣伝は不可能である。しかし、インターネットが発達した現在では、医療機関からさまざまな情報発信が可能になってきた。まさに、ネット戦略によって地域や生活者と新たな関係が生じ、地域医療にも変化をもたらすことが可能になったと考える。

　インターネットは、携帯電話の普及などにより、高価で複雑なパソコンに縁のない若年層や主婦にとっても身近なものになった。そして、生活者が受け取る「情報」は、必ずしも既存メディアを経由するとは限らなくなった。幅広い利用者層を背景にブログやSNSが普及したことで、個人が発信する情報を幅広い人が受け取ることが普通になってきたのである。医療機関もメディアを経由しなくても、ネットサービスや自院サイトを使って生活者に対して直接、情報を伝えられるようになった。そして、インターネットを使えば、双方向コミュニケーションを以前よりはるかに安いコストで行えるため、一方通行ではない医療機関と生活者とのコミュニケーションも可能になってきた。その意味では、インター

ネットは、容易にネット戦略を実現できる素晴らしいツールである。反面、一度発信した情報は、インターネット情報としてさまざまな形で流通するため、発信内容には最大の注意を払わなければならない。したがって、さまざまなクロスメディア[※1]を駆使して、同じ情報を方向性を変えて発信し、生活者へ正しく伝える努力が必要になる。

3　リアルネットとバーチャルネット

(1)リアルネット

人と人が直接つながっているネットで、そこにはリアルなコミュニケーションがある。つながりは強く広がりは狭い。また範囲は限られている。受付、診察、市民講座、健康相談、病院イベントなどによりコミュニケーションを深めていく。限られた地域の限られた人たちに向けられる。しかし、コミュニケーションが深まれば、ファンとなり、口コミが生じる。戦略的にはヒトメディア、ヒトブランドの確立が可能である。

(2)バーチャルネット

ＩＴを駆使したネットであり、ホームページやメールなど、ＩＴによるバーチャルな結び付きである。世界中と簡単につながることができ、あたかもつながっていると錯覚する。互いに選択的につながっていることでの便利性はあるが、ヒトメディア、ヒトブランドの確立に至ることは少ないと考えられる。

上記(1)(2)の特徴を踏まえ、リアルネットとバーチャルネットの利点をクロスすることで、コミュニケーションをより深めることが可能と考える。ネット戦略において情報の送り手と受け手が相互間に情報をキャッチボールする双方向のコミュニケーションが理想である。双方向にすることにより目的や意図を含め情報が正確に伝達される。特に医療においてはこの点を考慮する必要がある。

※1　クロスメディア：メディアの特性に合わせて、色、空間、文字量、動画など、扱うデータ種別を変える必要がある。「移動中は携帯電話、自宅ではパソコン」など、一人の利用者が異なるメディアへ横断するときの利便性を高めた仕組みが実装されることもある。これによって、紙メディアなど1つのメディアで不足している面を別のメディアで補う橋渡しをすることができる。

③ ネット戦略の方法

1 行動プロセスモデル

　広告宣伝業界では、古くからAIDMA（アイドマ）の法則と呼ばれる「購買行動モデル」が提唱されている。AIDMAの法則はAttention（注意）、Interest（関心）、Desire（欲求）、Memory（記憶）、Action（行動）の頭文字をとったもので、我々が刺激を受けて、その商品を買うまでの心理的プロセスを表現している。アメリカの経済学者ローランド・ホールが提唱（1920年）した仮説である。消費者がどの位置にいるかを明確にすることによって、マーケティング・コミュニケーションのポイントを明確化する。

　そして、広告業界大手の電通は、従来のマーケティングでの購買行動モデル「AIDMA（アイドマ）」に代わり、ネット時代に対応した「AISAS（アイサス）」という購買行動モデルを提唱している。

　第1章でも解説されているが、簡単に復習しておきたい。

■（1）AIDMAモデルの特徴

　Attention（注意）⇒ Interest（関心）⇒ Desire（欲求）⇒ Memory（記憶）⇒ Action（行動）というモデル。

　マスメディア依存型であり、店頭購買が中心で流通に依存する。

■（2）AISASモデルの特徴

　Attention（注意）⇒ Interest（関心）⇒ Search（検索）⇒ Action（行動）⇒ Share（共有）というモデル。

　情報媒体の多様性、オンライン購入により、いつでも、どこでも買える。その商品に対する「関心」とその「購買行動」の間に「検索」が入り、買った後に「情報の共有」という段階が入れられた。検索と情報共有はネット時代の産物といえる。Search（検索）はもちろんネットでの検索、Share（情報共有）は商品購入後の書き込み、クチコミなどのことである。

　我々の日常を振り返ると、テレビコマーシャルも、最後に「詳しくはウェブで……（検索キーワード）」のように、ほとんどがこの手法に変わってきていることを実感できる。

　ネットと連動させる手法を「クロスメディアマーケティング」といい、病院におけるネッ

ト戦略にも、この要素は大変有効なモデルとなる。つまり、「病院選択行動モデル」である。

2　行動モデルと脳の役割

　購買行動モデルは、人の行動プロセスを表したものである。行動を制御する場所は脳内である。つまり、行動モデルは脳内で思考するプロセスと行動を表したものと考えられる。

　マーケティングでは市場をシェアという。個人の市場は、頭の中のシェア(知性)と心の中のシェア(感情)に分けて考えられる。ネットの先には個人があり、感情や知性が物事を選択していることを認識する必要がある。それは脳の機能とも合致する。脳には左脳と右脳があり、それぞれ機能が違う。「左脳」は事実や理論、「右脳」は感覚や感情をとらえる。

　2つの脳の性質を理解することにより、一味違った広報が展開できる(図6-1、2)。

3　記憶にアンカーを打ち込む

　例えば「やめられない、止まらない」で何が浮かんでくるだろう。また、「お魚くわえたドラ猫」はどうか。「かっぱえびせん」「サザエさん」と言わなくても、自然に連想されるのはなぜだろうか。それは、「古典的条件付け」(条件付けとは、無関係な2つ以上の物事を関連付ける行動、または反応すること)と呼ばれる効果である。「フレーズ」「シンボル」「ロゴ」「メロディ」「イメージ」などを、テレビコマーシャルなどのように反復することで条件付けられる。その結果、ロゴやメロディを聞くだけで、製品などを連想する。

　例えば、当院(大分岡病院)の広報誌「おかのかお」は、左右どちらから読んでも「おかの

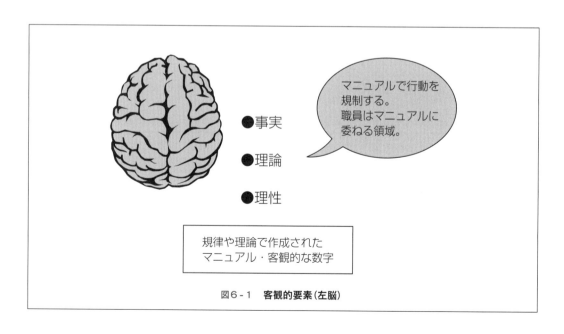

図6-1　客観的要素(左脳)

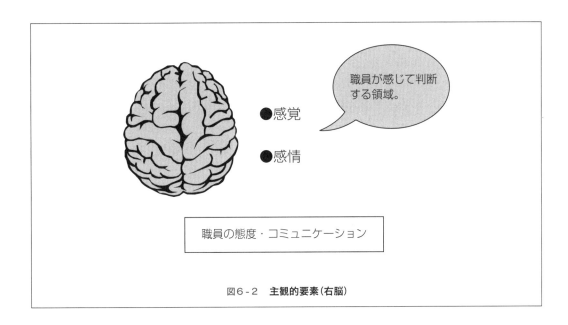

図6-2　**主観的要素（右脳）**

かお」と読める。これは回文であるが、反復して読む人が多い。これも「古典的条件付け」を応用している。

ITマーケティング活用の米国の事例

1　メイヨークリニック

　医療は、さまざまな理由で消費者や患者に今、何が行われているかが分かりにくい。分かりにくいものであるからこそ、分かる形でメッセージを伝えようとするのが経営ともいえよう。これをITを利用して行っているのが、世界的に有名な米国のUSニュースランキング１位(2017年度)の、メイヨークリニックである。

　メイヨークリニックはミネソタ州ロチェスターを発祥とした非営利病院である。開設年は1864年である。現在はフロリダ州ジャクソンビルとアリゾナ州スコッツデールに分院がある。年間の総患者数は130万人以上、総職員数63,078人、総収入は約110億ドルである。

　発想の根本は、患者は「医療」の質が判断できないので、自分の理解できる証拠(建物の外観や雰囲気、職員の思いやりなど)から質を判断しようとする、ということである。そこで、成り行きに任せず、質がよいことを示す証拠をマネジメントすることが重要と考えたのである。

　彼らはこれをエビデンス・マネジメント、すなわち自分の能力を具体的に表現する、首尾一貫した、偽りのない、ありのままのエビデンス(証拠)を顧客に提示するという体系的なアプローチと表現している。この考え方は分かりにくいサービスの質を、具体的なモノで示すというサービスマーケティングの考え方に基づいたものと言える。さて、この考え方に基づいたメイヨークリニックの伝えるべきメッセージは、「患者最優先」である。

2　患者中心主義

　まず、すべての職員に価値観の共有を徹底することが行われている。新規職員の採用においても、採用方法は価値観に合う人という基準だし、研修を徹底し、サービスを称える各種イベント、例えば"カリス(思いやり)賞"を与えたりする。

　施設は心地よい空間づくり、患者の家族用の施設をつくる、また、小児科を設置し、車の乗降練習なども職員がサポートする。さらに医師や従業員の服装の汚れなども、徹底的にチェックするという。

　さらに、メイヨークリニックは、テレビ会議などでコミュニケーションを密に行う。電子カルテを導入し、情報の共有、投薬管理を行っている。このブランド力には「患者中心主義」という経営理念が大きく影響している。この理念を軸に早期から情報システム構築に力を入れてきた。

　特筆すべきは、ソーシャルメディアへの取り組みである。ソーシャルメディアにおいては2010年にメイヨークリニックソーシャルメディアネットワークという組織を設立し、病院ソーシャルメディアのゴールデンスタンダードと呼ばれる地位を築いている。またホームページとしてメイヨークリニック制作運営の "Mayo Clinic Connect" がある。図6-3、4のように、医療者と患者のコミュニケーションが容易に行うことができる。

　これらのソーシャルメディアはソーシャルメディアネットワークによって運営管理されている。ソーシャルメディアネットワークの人員体制は医師１名を含む10名のスタッフで構成されている。彼らは外部から移ってきた者もいるが、大半がメイヨークリニックに広報などの職務で元より勤めていた者である。この組織に長く勤め理念を分かっている者を重視するのもメイヨークリニックの特色である。医師も含め、技術は後からついてくると考えているのだ。

　ソーシャルメディアの投稿内容は、"Facebook" の場合、2時間おきにリンク付きのテキストないしは動画、ライブ動画、写真である。リンクはメイヨークリニックのホームページにリンクされており、それぞれのリンク先では病気についての情報が医学的情報やブログ形式またはニュース形式によって掲載されている。各投稿には必ずアイキャッチとなるイメージ画像が添付されており、投稿の内容がイメージしやすいような投稿となっている。またライブ動画では、メイヨークリニックで開催されている市民向け講座や同業者向けの講座などのライブ配信を行っており、コメントをリアルタイムで受け付けている。

　このような形で、医療者と患者の関係性を円滑にするためにITを利用し、ブランド形成に結び付けていこうとするのがメイヨークリニックの戦略と言えよう。一方、患者の立場で言えば、患者中心の電子カルテが構築されている。

　データ化も進んでいる。米国では電子カルテの普及が比較的遅れていたが、早期から電子カルテに取り組んでいたメイヨークリニックでは、関連医療機関の情報すべてを単一の電子医療記録システムに統合するプロジェクトである「プラマー・プロジェクト」を2018年5月に完了した（プラマーとは病名にまで名前がついている甲状腺の権威で、メイヨークリニックには業績を称えてプラマービルもある）。さらに、2019年9月メイヨークリニックが病院の患者データの安全保存をグーグルに委託し、同社の非公開クラウド上に置くと発表している。

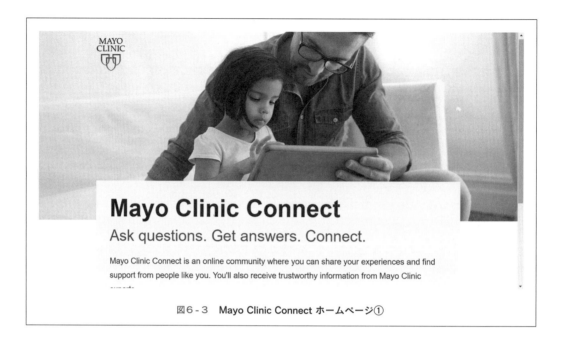

図6-3 Mayo Clinic Connect ホームページ①

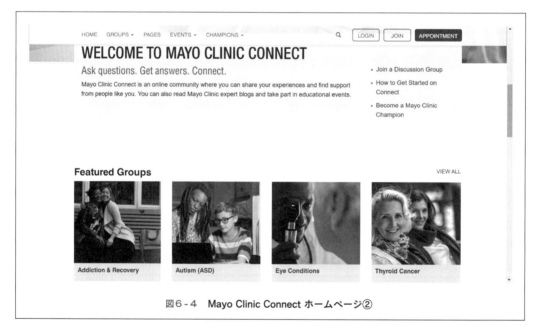

図6-4 Mayo Clinic Connect ホームページ②

3 Nemours Children's Hospital（Nemours 小児病院）

　純粋な意味でのマーケティングとは言えないかもしれないが、病院と患者のつながりを強化していくこともITの普及によって容易になった。

　Nemours 小児病院は2012 年10 月22 日に患者家族諮問委員会の要望やニーズを反映

し作り上げた、フロリダにある小児専門病院である。

　IT化には非常に注力しており、海外の患者も積極的に受け入れている。国際化も進んでおり、海外からも含めて国際対応をしている。通訳は無料で手配可能である。

　海外からの診察手順は下記のとおりである。

Step 1：電話か病院指定のオンラインのコンタクトフォームでアポイントをいれる

Step 2：英語で(あるいは英語に翻訳して)電子カルテの情報を病院へ送る

Step 3：大体のお金の見積もりを病院からもらって受け入れる

Step 4：アポイントの確定を病院から受け取る

Step 5：ビザが必要なら用意する

Step 6：病院に行く旅行の準備をする

　スマホを通しての遠隔医療も積極的に行っている。診療科目は循環器、神経内科、栄養科、内分泌科など16科目である。

　ただ、日本でいう遠隔医療というよりは、7日間24時間いつでもcare connectという形で患者や家族と医師がつながっているというシステムでもある。具体的には、音声、アラーム、テキストデータでつながった遠隔医療でスマホを活用している。コミュニケーション回数は年間に音声が369,169回、アラームが3,398,727回、テキストが4,821,006回であったという。

　ちなみに、医師との遠隔診療を行わなかった場合には、10％の患者は何もアクションを起こさず、26％がER、34％がアージェントケア、28％が医師のオフィス(いわゆる外来)を受診するという。そして分析によればこのシステムの導入のおかげでフロリダ州政府は134億円の医療費を削減できたと試算される。

　データや生体モニターも共有化されている。自宅で生体モニター、例えば酸素飽和度をモニターしていればそのデータは毎分毎分病院に送られるし、そのデータ自体を患者側も見ることができる。

　こういった特徴をもつこと自体がマーケティングとも言えよう。

図6-5　Nemours 小児病院

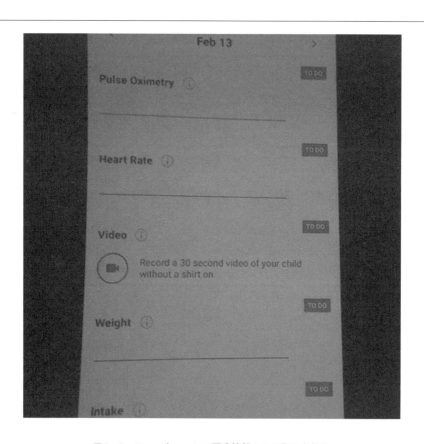

図6-6　スマートフォンで医療情報のやり取りを行う

確認問題

問題 **購買行動モデル「AISAS」について、各頭文字が意味するもので誤っているものを1つ選べ。**

〔選択肢〕

① Attention（注意）

② Interest（関心）

③ Seek（探索）

④ Action（行動）

⑤ Share（共有）

解答　③

解説

①○：選択肢の通り。

②○：選択肢の通り。

③×：「Search（検索）」が正しい。ネットでの検索を意味する。

④○：選択肢の通り。

⑤○：選択肢の通り。商品購入後のSNSへの書き込みなどを意味する。

　「AISAS（アイサス）」は、ネット時代に対応した購買行動モデルのこと。従来のマーケティング（店頭売買が中心の流通に依存）での購買行動モデルである「AIDMA（アイドマ）」＝「Attention（注意）、Interest（関心）、Desire（欲求）、Memory（記憶）、Action（行動）」とは異なり、「Search（検索）」と「Share（共有）」の部分が、大きな特徴と言える。

第7章

民間急性期病院の地域密着型病院への試み

1 高齢化に伴う医療の変化
2 社会状況の変化と地域医療

高齢化に伴う医療の変化

1 はじめに

　厚生労働省の資料[1]によると現在、日本は人口減少局面を迎え2060年には総人口が9,000万人を割り込み、高齢化率は40％近い水準になると推計され、それに対応するため医療行政も大きくかじ取りをされている。厚生労働省の計画[1]によると今までの医療は病気を治し救うことが医療の中心であったが、今後は人口の高齢化が進み、更に多くの疾病が発症し、悪性腫瘍も増え、病気が治せなくなることが予想されている。

　地方の高齢化はすでにかなり進んでいるが、地方のみではなく今後は大都市圏においても高齢化が進むことが予想され、今までは急性期医療に重みを置いてきた大都市圏においても人口の高齢化に伴い医療の変化が必要となってきている。

2 キュアからケアへの転換

　例えば、高齢者で多くなっているは高血圧、糖尿病などは現在でも疾患とうまく付き合ってコントロールしていくこと（ケア）が治療の主目標であり、治す（キュア）ということが治療の主目的でなくなってきている事例は多くある。

　また、悪性疾患においても同様の「ケア」への移行が見られている。例えば、前立腺がんは高齢者に発症する悪性腫瘍であるが、若年者のがん治療とは異なり治療でうまくがんの進行をコントロールできればがんと共に生き、前立腺がんとは違った原因で亡くなることも多々みられるようになってきている。その結果、がん情報サービス[2]によると、2019年予測では男性高齢者に多い前立腺がんの罹患率は男性では第4位にまで上がってきているが、死亡率は6位のままとなっており、罹患率と死亡率に乖離が見られる。前立腺がんは他のがんと比べ進行が遅いとは言われているが、今後、前立腺がんの治療が進むにつれ死亡率は更に低下することが予想され、がんと共に生きるということがますます治療の目標となっていくであろう。

　更に、高齢になればなるほどがんの罹患率は高くなり、合併症の出現、身体機能の低下、

※1　資料：厚生労働省「地域医療構想について」https://www.mhlw.go.jp/content/10800000/000516866.pdf
※2　資料：国立がん研究センター「がん情報サービス」https://ganjoho.jp/reg_stat/index.html

ADLの低下などにより治療法が制限されることが予想され、超高齢社会のがん治療は今までのような「キュア」を主目的とする医療から「ケア」への医療を更に目指す、今までとは異なる新しい局面を迎えている。つまり、人口の高齢化によって2人に1人が、がんになると言われる現在では、今後もがん患者は増加し、特に高齢がん患者が増えることで治療の選択肢が狭まり、人によってはがんを完治するのではなく、がんを抱え生きていくことが必要になるだろう。そのため、どのように生活のQOLを維持し、最終的な看取りまでのトータルマネジメントが必要となり、個人を尊重しながら治療を行うということに目標が移っていくことが予想される。この傾向は慢性疾患においては更に顕著な傾向となることが予想される。

　このような医療環境の変化に伴い、個々の病院は機能や経営方法も変わっていかざるをえない現実があり、高齢化の進行が早い日本においてはそのモデルとなる実践例もなく、新しいモデルの模索が続いている。特に「ケア」に医療の中心が移りつつある現状において、急性期病院はその存在意義にかかわるような役割の変化が求められているのかもしれない。

② 社会状況の変化と地域医療

1 地域包括ケアシステムにおける地域医療

　超高齢社会への変遷の結果、政策の変更がなされ、地域包括ケアシステムが推進される中で、各病院はより地域密着型病院へと変化せざるをえないのが現実となってきている[1]。例えば、高齢化が進行し社会状況が変化しているにもかかわらず、多くの人が在宅での最期の時を過ごす希望をもちながらも、急性期病院で最期の時を迎えているのが現状である[3]（図7-1）。

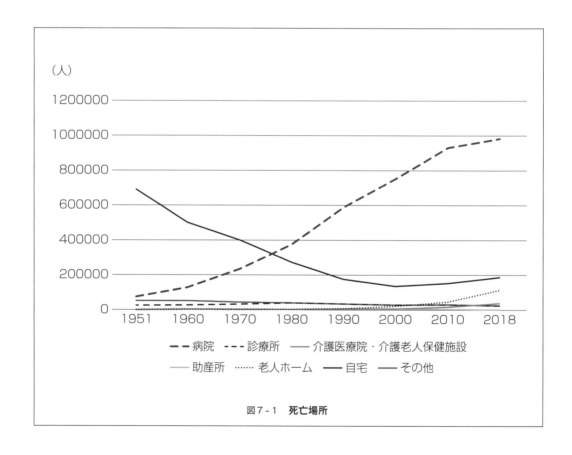

図7-1　死亡場所

※1　資料：厚生労働省「地域医療構想について」https://www.mhlw.go.jp/content/10800000/000516866.pdf

　日本の過去を振り返ると、地域の中の自宅・施設などで看取りが行われるのが本来の姿と考えられる。また、本来、急性期病院は急性期の治療を行うところであり、看取りの中で大きな役割を果たすものではなかった。しかし、近年は老人ホームで亡くなる人が少しずつ増えてきたとはいえ、依然として多くの人が病院で亡くなっているのが現状である。この病院での看取りの急激な増加は患者の意図や政策とは関係なく、需要と供給、社会環境の変化に医療の変化が伴わなかったためにもたらされたと考えられる。

　この例のように社会環境の変化と共に地域の医療施設に求められるものは時々刻々と変化し、病院にも時代に合わせた変化が常に求められているといえる。急性期病院は今後もこのような働きを担っていかなければならないのか、それとも自宅や施設での療養が昔のように増えていくのか、社会的要請と行政のはざまで地域と一体となった病院が求められている。

　また、公立病院では地域医療構想の中での病院の再編・統合の計画の推進という政策がなされているが、これは病院の体制や役割が社会環境に合わなくなりそのミスマッチの是正のための政策と考えられる。今後は社会のニーズと医療体制のミスマッチを修正するために、民間医療機関においても保険点数の改正などを通じて半ば強制的な変化を受け入れざるをえなくなってくることが予想される。

　このように現在の医療体制は大きな問題を数多く抱かえている。

2　地域医療構想の実現に向けて

　政府としては2040年の医療体制[1]として、1）どこにいても必要な医療を最適な形で、2）医療・医療従事者の働き方改革でより質が高く安全で効率的な医療へ──が掲げられている。そして、2040年の医療体制をふまえて2025年までに着手することとして、①地域医療構想の実現など、②医師・医療従事者の働き方改革の推進、③実効性のある医師偏在対策の着実な推進──が挙げられている。

　政府はこの「①地域医療構想の実現」の中で、現在の病院はその機能が見えにくいため、医療機関にその機能を自主的に選択させ病院の機能分化を推進しようとしている。病院・病棟は、医療機能として「高度急性期機能」「急性期機能」「回復期機能」「慢性期機能」の4つの機能から選ぶこととなっている（表7‐1）。

※1　資料：厚生労働省「地域医療構想について」https://www.mhlw.go.jp/content/10800000/000516866.pdf
※3　資料：厚生労働省「死亡の場所別にみた年次別死亡数」
　　https://www.e-stat.go.jp/stat-search/files?page=1&layout=datalist&toukei=00450011&kikan=00450&tstat=000001028897&cycle=7&year=20180&month=0&tclass1=000001053058&tclass2=000001053061&tclass3=000001053065&stat_infid=000031883927&cycle_facet=tclass1%3Atclass2%3Acycle

表7-1 病院機能

医療機能の名称	医療機能の内容
高度急性期機能	○急性期の患者に対し、状態の早期安定化に向けて、診療密度が特に高い医療を提供する機能 ※高度急性期機能に該当すると考えられる病棟の例 　救命救急病棟、集中治療室、ハイケアユニット、新生児集中治療室、新生児治療回復室、小児集中治療室、総合周産期集中治療室であるなど、急性期の患者に対して診療密度が特に高い医療を提供する病棟
急性期機能	○急性期の患者に対し、状態の早期安定化に向けて、医療を提供する機能
回復期機能	○急性期を経過した患者への在宅復帰に向けた医療やリハビリテーションを提供する機能 ○特に、急性期を経過した脳血管疾患や大腿骨頸部骨折等の患者に対し、ADLの向上や在宅復帰を目的としたリハビリテーションを集中的に提供する機能（回復期リハビリテーション機能）。
慢性期機能	○長期にわたり療養が必要な患者を入院させる機能 ○長期にわたり療養が必要な重度の障害者（重度の意識障害を含む）、筋ジストロフィー患者または難病患者等を入院させる機能

▌（1）病院機能

　地域医療構想で医療機関を「高度急性期機能」「急性期機能」「回復期機能」「慢性期機能」に分け、地域の医療を分担させることが試みられているが、特に公立・公的病院等では多くの手術や高度医療が行われる高度急性期機能や急性期機能の病棟が多く、いわゆる民間の一般病院には回復機能、慢性期機能の病棟が多くなっている（図7-2-①、②）。

　公立病院と比べると回復機能、慢性期機能の病棟が多い民間病院であるが、民間病院のみで見た場合、2018年の病床機能報告によると、急性期機能、回復期機能、慢性期機能を主とする民間の一般病院では、高度急性期機能13.6%、急性期機能44.5%　回復期機能13.5%　慢性期機能28.4%と急性期機能が一番多く、また急性期機能も少ないとは言えず、この点が大きな問題である。

　今後、更に医療の主体が急性期医療から病気と共に生きる医療へと変化するに伴い、医療機関の回復期、慢性期機能への移行が予想される。実際、急性期機能病床は徐々にではあるが減少してきているが、この民間病院の中の急性期機能をどのように変化させていくかは今後の病院の在り方に大きくかかわってくる課題であり、急性期機能を多く保有している、いわゆる一般病院は病院の存続にかかわる問題となる可能性がある。

　急性期機能病院が減少しているその一方で、急性期病院として扱われ、その機能の維持を目標としている病院もあるが、担当の専門医がそろわないなどの理由で必ずしも急性期機能を果たせていない医療機関もあり、今後も急性期機能を維持し続けることの是非を含めてどうしていくのかなど問題は多い。

　このように地域の中で急性期病院（病棟）を減らしていく方向ではあるが、各科的に専門

「**高度急性期機能**」または「**急性期機能**」を選択した病棟数（全17,749病棟：公11,079病棟、民6,670病棟）

※1　病院の病棟のみ集計した。（有床診療所は本集計に含めていない。）
※2　「公立・公的病院等」＝新公立病院改革プラン策定対象病院＋公的医療機関等2025プラン策定対象病院
　　　平成29年度病床機能報告より

図7-2-①　各構想区域における公民比率について
（「各構想区域」に関しては※1を参照）

「**回復期機能**」を選択した病棟（全3,095病棟：公748病棟、民2,347病棟）

「**慢性期機能**」を選択した病棟（全7,285病棟：公785病棟、民6,500病棟）

※1　本集計は病院の病棟のみ集計したもの。（有床診療所は本集計に含めていない。）
※2　「公立・公的病院等」＝新公立病院改革プラン策定対象病院＋公的医療機関等2025プラン策定対象病院
　　　平成29年度病床機能報告より

図7-2-②　各構想区域における公民比率について
（「各構想区域」に関しては※1を参照）

的な急性期病院(病棟)としての役割を期待されているのも事実であり、一方でその機能維持は難しいことも予想されている。その機能分化の在り方、切り替え方は非常に難しいかじ取りが要求されている。

(2)さまざまな急性期病院

　急性期病院と一言でいっても、実際にはさまざまなタイプの急性期病院がある。厚生労働省の2016年度の病床機能報告の結果に関する資料[4]によると、病院は15パターンに分類され、その中で急性期を含むものは8パターンある(図7-3)。この中でLパターンが急性期のみの病院で、病院数は約20％、急性期許可病棟数では約24％、合計病床数では約11％を占めている。

　では、急性期病院の中の診療科はどのようになっているのであろうか。病床機能報告において、医療機関は当該病棟の「主な診療科」を報告することとなっており、その中で「複数の診療科で活用」を選択した際には、当該病棟の患者を多くみている順に上位3つまでを各病院が選択し報告しているが、急性期機能を報告している病棟では、上位3つそれぞれの中で数が多い上位10の診療科について、同じ8の診療科が選択されている[4]。8つの診療科とは、内科、外科、整形外科、循環器内科、消化器内科(胃腸内科)、脳神経外科、泌尿器科、小児科である(表7-2)。民間病院では、内科病棟が多いのは当然と考えられ

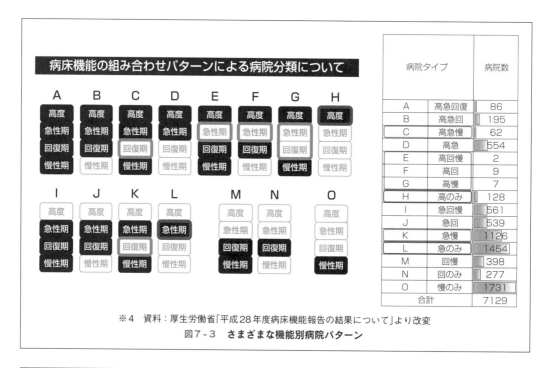

※4　資料：厚生労働省「平成28年度病床機能報告の結果について」より改変

図7-3　さまざまな機能別病院パターン

※4　資料：厚生労働省「平成28年度病床機能報告の結果について」
https://www.mhlw.go.jp/file/05-Shingikai-10801000-Iseikyoku-Soumuka/0000164336.pdf

表7-2　急性期病棟の「複数の診療科」について（病院）

1位	病棟数	2位	病棟数	3位	病棟数
内科	2566	外科	1186	整形外科	846
整形外科	1031	整形外科	914	内科	648
外科	896	内科	820	外科	570
循環器内科	524	消化器内科（胃腸内科）	505	眼科	383
消化器内科（胃腸内科）	485	循環器内科	478	消化器内科（胃腸内科）	346
脳神経外科	435	脳神経外科	420	泌尿器科	306
呼吸器内科	337	泌尿器科	415	脳神経外科	281
産婦人科	246	呼吸器内科	335	循環器内科	250
泌尿器科	224	小児科	314	耳鼻咽喉科	236
小児科	216	眼科	276	小児科	193

※4　資料：厚生労働省「平成28年度病床機能報告の結果について」より改変

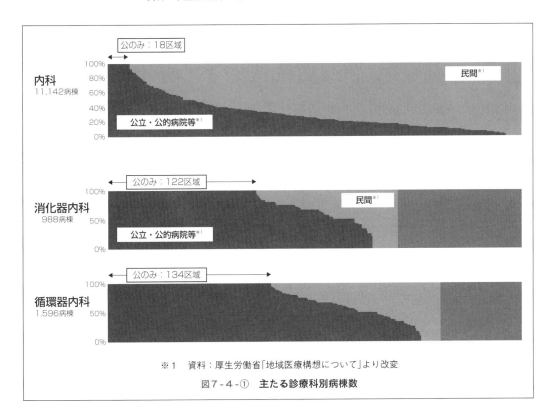

※1　資料：厚生労働省「地域医療構想について」より改変

図7-4-①　主たる診療科別病棟数

るが、外科、脳神経外科、整形外科の病棟も比較的多く、一方、小児科病棟は少なくなっている。（図7-4-①、②）

（3）医療人材について

　医師不足とよく言われているが、厚生労働省によると病院での勤務医は図7-5のように増加傾向にある。ただし病院に勤務する医師の高齢化は進んでおり、近年50歳以上の医師が半分以上となっている（図7-6）。病院での主たる診療科の医師の割合と平均年齢

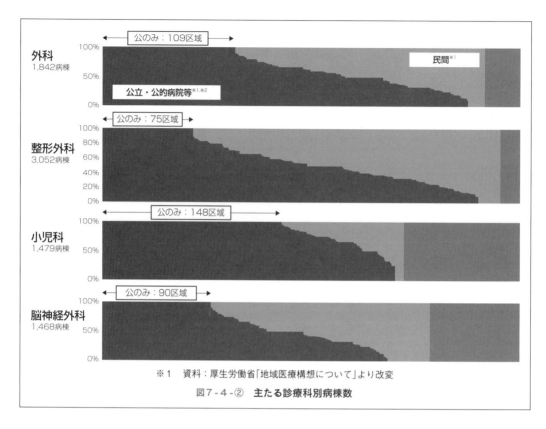

※1　資料：厚生労働省「地域医療構想について」より改変

図7-4-②　主たる診療科別病棟数

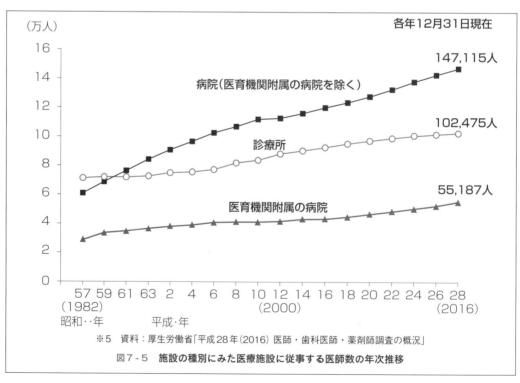

※5　資料：厚生労働省「平成28年(2016)医師・歯科医師・薬剤師調査の概況」

図7-5　施設の種別にみた医療施設に従事する医師数の年次推移

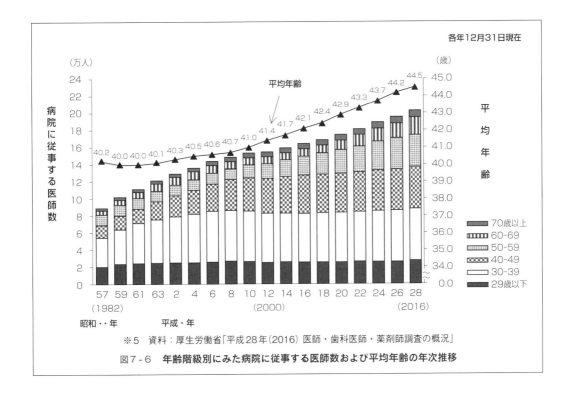

各年12月31日現在

※5 資料：厚生労働省「平成28年（2016）医師・歯科医師・薬剤師調査の概況」

図7-6 年齢階級別にみた病院に従事する医師数および平均年齢の年次推移

で見てみると先ほどあげた診療科は表7-3のようになる[5]。

内科は医師数としては多いが高齢化が進み、脳神経外科、泌尿器科、小児科は医師数が少なく、中でも小児科は極端に少なくなっている。

医師は大学を卒業し研修医としてトレーニングを積み、中堅医師となっていく。その過程では多くの医師は大学という枠組みの中で育ち、その後、研究者として大学の教員となり専門的な先端医療に携わっていく医師、大学から一般病院に移動し勤務医となる医師、

表7-3 診療科の医師の割合と平均年齢

診療科	割合	平均年齢
内科	10.9%	52.8歳
循環器内科	5.2%	43.3歳
消化器内科（胃腸内科）	5.4%	42.8歳
外科	5.6%	49.1歳
整形外科	6.7%	46.1歳
脳神経外科	3.1%	47.6歳
泌尿器科	2.5%	45.7歳
小児科	0.4%	43.9歳

※5 資料：厚生労働省「平成28年（2016）医師・歯科医師・薬剤師調査の概況」
https://www.mhlw.go.jp/toukei/saikin/hw/ishi/16/dl/gaikyo.pdf

その途中または病院勤務医を経て開業医となる医師と大まかには3通りの中で選択していくことが多かった。研究者となる医師は少数であり、大部分の医師は勤務医を続けるか開業することになるが、昨今はさまざまな理由から以前ほど開業を目指す医師は減少し、病院での勤務を続ける者が多い。このことが医師人口の高齢化と相まって病院での勤務医の高齢化をより進めていると考えられる。

また一方、少子化による子供の人口減少のため小児科を選ぶ医師が減少し、特に民間病院では小児科医の確保が難しくなっていると考えられる。

医師のみでなく、近年、医療従事者の不足も叫ばれているが、その中でも看護師不足は急性期病院にとっては大きな問題である。病院の看護職員について見てみると図7-7のように、急性期機能では回復期・慢性期に比べて看護師の割合が高く、今後、看護師の人材確保の面で更に問題が大きくなることが予想される[4]。

3　急性期病院の地域密着型病院へのアプローチ

このような状況の中で、急性期を主とする病院はどのように今後の方向性を探るべきであろうか。以下、いくつかの注意点をあげてみたい。

第一は以下の項目を中心とした現状分析を行ってみることがまず必要であろう。

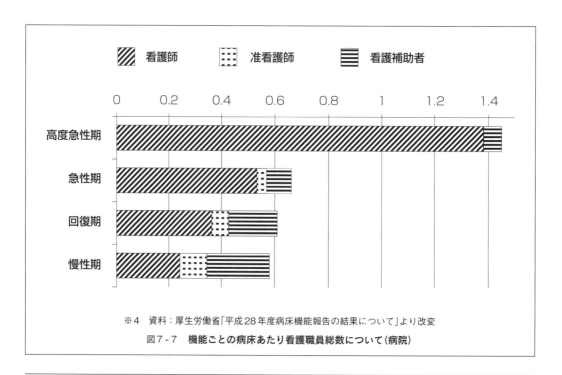

※4　資料：厚生労働省「平成28年度病床機能報告の結果について」より改変

図7-7　機能ごとの病床あたり看護職員総数について（病院）

※4　資料：厚生労働省「平成28年度病床機能報告の結果について」
https://www.mhlw.go.jp/file/05-Shingikai-10801000-Iseikyoku-Soumuka/0000164336.pdf

①地域住民の年齢構成　人口分布
②地域の医療機関の数とその役割、特に競合・関連医療機関の状況
③自病院の医療圏(診療科ごとにも必要)
④自病院の医療資源(病院規模、医師、看護師などの人材資源、設備など)の状況

　次に現状分析を行った結果から自病院の大きな方向性を探ってみることがよいと考える。例えば、前出の図7-3に示したように医療資源に限りがある中で急性期、慢性期、回復期病院のどの型の組み合わせで、どのような機能を持たせていくかによって最終的な自病院の将来を描くことができると考えられる。特に注意する点は目指す医療の明確化で、差別化を図ることができるパターンでなければならないということである。急性期病院とは言え、多くは地域密着型になると考えるが、その中でどのような医療を行うことで差別化をして地域医療に貢献するかが明確にしなければならない。それを行わないと患者ニーズの少ない診療科をつくり、いたずらに診療科を増やすことなどで医療資源を無駄使いしかねない。

　言い換えると自病院を必ずしも全科をそろえた総合病院にする必要はなく、病院の差別化で必要がない自病院の弱い部分は他の病院にお願いするとした方が、経営資源的には勧められることになる。また、地域において地域密着型病院が機能すれば地域の患者、医療看護関係者が安心できることも利点である。目指す医療供給体制が具体的になり院内の全職種が周知理解できれば、安心して業務を遂行でき、人材もより確保しやすくなると考えられる。

　差別化の中では、どの診療科を自病院の中心として選ぶのかは特に難しい問題となることが予想される。今までの病院の歴史、医師の求人状況、資金などのさまざまな制約条件は各病院それぞれにあり、そのそれぞれが経営に大きな影響を与えるために、病院ごとにその病院の状況・環境にあった形態をとることが必要になる。その結果としてアプローチ法は同じであっても各病院により異なった結果となることが予想され、今までのように横並びの方式をただ行うだけでは特徴のない病院になってしまい、変化・改革は失敗する可能性さえある。

　多くの病院では実際にはまず、内科系か外科系に注力するかの決定が必要であろう。その上で地域の近隣医療機関の競合状況に合わせた病院づくり、つまりその部分においてはオーダーメイドな病院づくりが必要と考えられる。その後に地域の年齢、各医療機関の特徴およびその地域における役割を鑑みて、地域環境においてどのような科を併設していく必要であるかの検討に移ることとなる。

　例えば一般外科に力を入れていくとしても、それを支える消化器内科が十分な診療体制であることが必要とされるであろう。また高齢者が多いことが予想されれば、合併症に対処するための循環器内科、糖尿病内科などの併設も必要と考えられる。また手術に関しては麻酔科の人員が手術数に対応できるかどうかなど、一般的な外科をメインにするとして

も解決すべきいくつかの課題がある。また急性期病院であるので長期入院の可能性が高そうな患者に対する回復期、慢性期への移行方法も考慮しなければならない。

このような再検証により医療需要のある急性期医療は継続し、設備投資や人材確保など充実した医療体制を再構築することが可能となり、また医療需要の少ない急性期医療は二次医療の他の医療機関にお願いし、余力は回復期・療養期として医療に振り分けることが可能となる。特に専門医療を付加した回復期病床により、急性期病院の早期退院患者を受け入れ、急性期の在院日数を短縮し、回復期病床は医療看護必要度の高い患者を確実に確保できるようになる可能性が高い。また退院後の安定した療養生活の継続に向けて、退院支援時に専門医療の視点から自院の外来へのスムーズな移行は言うまでもなく、地域の開業医などとの密接な関係を築くことも可能となると考えられる。

このようなアプローチを行う上でのさまざまな手法があるがSWOT分析は一つの有効な手段と考えられるので、例として著者が以前に在籍した高度急性期病院（名古屋大学医学部附属病院）（図7-8）と、私見ではあるが現在所属している急性期病院（千葉県鎌ケ谷市（人口約11万人）　331床　一般病院7対1入院基本料　標榜27科）のSWOT分析（図7-9）を挙げたので参考としていただければ幸いである。現在の病院では他の近隣病院に比べて整形外科、頭頚部外科　歯科が充実し交通の便が良く、地域包括ケア病棟、老健を併設していることが強力な強みと考えられる。

S　強味 (Strength)	O　機会 (Opportunity)
・歴史と伝統 ・地域の最高峰医療機関 ・高度な医療技術 ・高レベルな研究開発力 ・関連公立病院が多い	・グローバリゼーション ・高度先進医療の認可 ・産学連携の促進 ・情報技術の発達
W　弱味 (Weakness)	T　脅威 (Threat)
・縦割り組織 ・論文重視の業績評価 ・診療科あって病院なし ・患者よりも症例 ・臨床以外の業務 ・開業医との連携が弱い ・後方施設が少ない ・病院内医員の数	・少子高齢化社会 ・包括医療制度（DPC） ・大病院間の競争 ・第三者評価の導入 ・政府機関からの補助金の削減 ・勤務医の開業医への転身

図7-8　名古屋大学医学部附属病院泌尿器科におけるSWOT分析

```
S  強味 (Strength)

・ロボット支援手術システムの早期導入
・3路線の乗り換え駅に近い
・救急診療体制強化
・健診センター整備
・近隣他病院と異なり整形外科、頭頸
　部外科、歯科が充実
・地域包括ケア病棟、老健併設


O  機会 (Opportunity)

・健診需要の増加
・高齢者数増加に伴う医療需要の増加


W  弱み (Weakness)

・診療時間、部門間での協力連携が弱い
・全科の常勤医がそろっていない
・病床利用率の低下
・外来患者数の減少
・医療費用の増大
・医師の高齢化


T  脅威 (Threat)

・競合病院
・診療報酬、介護報酬改定
・地域医療構想
・2030年以降の人口減少（患者減少、医療
　従事者の確保困難）、少子高齢化社会
・看護師などのマンパワーの減少
・包括医療制度（DPC）
・勤務医の開業医への転身
```

図7-9　当院（民間急性期病院）泌尿器科におけるSWOT分析の一例

4 おわりに

　今後、高齢化社会が進むにつれ、医療制度の変更がなされ病院も常に変化が要求されている。

　折しもCOVID-19により社会環境が更に大きく変わることが予想され、医療でもオンライン診療など新しい診療スタイルが今後は大きく進んでいくかもしれない。保険制度という柔軟な変化ができない医療制度の中で、新しい病院を常に模索していくことは非常に難しいのが現状ではあるが、今後の病院の継続を考えるためには常に病院の評価を行い、柔軟に変化できる体制を整えていくことが重要なファクターになると考える。本稿がその一助となれば幸いである。

問題 **病院と医療人材を取り巻く状況について、次の選択肢のうち正しいものを１つ選べ。**

〔選択肢〕

①厚生労働省の2018年の病床機能報告によると、急性期機能、回復期機能、慢性期機能を主とする民間の一般病院では、慢性期機能を有している病院が最も多い。

②厚生労働省の2016年度の病床機能報告によると、急性期のみの病院の病院数は３割を超える。

③厚生労働省の2016年の医師・歯科医師・薬剤師調査によると、病院に勤務する医師は、増加傾向にある。

④厚生労働省の2016年の医師・歯科医師・薬剤師調査によると、病院に勤務する医師は、若年化傾向にある。

⑤厚生労働省の2016年の医師・歯科医師・薬剤師調査によると、小児科は、内科、整形外科に次いで３番目に多い医師数である。

確認問題

解答　③

解説

①×：高度急性期機能13.6％、急性期機能44.5％、回復期機能13.5％、慢性期機能28.4％と急性期機能を有する病院が一番多い。民間病院の中の急性期機能をどのように変化させていくかは今後の病院の在り方に大きくかかわってくる課題である。

②×：急性期のみの病院数は約20％、急性期許可病棟数では約24％、合計病床数では約11％を占めている。

③○：病院に勤務する医師の数は、年々、増加傾向にある。

④×：病院に勤務する医師の高齢化は進んでおり、近年50歳以上の医師が半分以上を占めている。

⑤×：小児科は極端に少なく、内科、整形外科、外科の順で多い。少子化による子供の人口減少のため小児科を選ぶ医師が減少し、特に民間病院では小児科医の確保が難しい状況である。

参考文献

第1章

厚生労働省「医業経営の非営利性等に関する検討会報告」、2005年

フィリップ・コトラー、アラン・R・アンドリーセン著『非営利組織のマーケティング戦略』第一法規、2005年

マイケル・E・ポーター著『競争優位の戦略』ダイヤモンド社、1985年

真野俊樹著『医療マーケティング 第3版』日本評論社、2019年

医療経営人材育成事業ワーキンググループ「医療経営人材育成テキスト」、2006年

グロービス経営大学院編著『MBAマーケティング』ダイヤモンド社　2005年

フィリップ・コトラー、ゲイリー・アームストロング著『マーケティング原理』ダイヤモンド社、2003年

厚生労働省「平成29年受療行動調査の概況」2018年

フィリップ・コトラー、ケビン・レーン・ケラー著『コトラー＆ケラーのマーケティング・マネジメント』ピアソン・エデュケーション、2008年

第2章

Heskett JL, Jones TO, Loveman GW, et al "Putting the service-profit chain to work." Harvard Business Review, 1994

経済産業省商務情報政策局サービス産業課 サービス産業生産性協議会 品質・認証委員会「医療サービスの品質評価に関する調査報告書(平成20年2月)」、2008年

日経ビジネスオンライン『ピーター・ドラッカー氏が指摘する「ITより重要なもの」』

第3章

医療法人財団献心会川越胃腸病院ウェブサイト

Hospirate──働きやすい病院評価事業ウェブサイト

金津佳子、宮永博史著『全員が一流をめざす経営─川越胃腸病院に学び働く人が輝きだす組織改革』生産性出版、2010年

望月智行著『いのち輝くホスピタリティ─医療は究極のサービス業』サンクチュアリ出版、2008年

「DIAMONDハーバードビジネスレビュー 2018年8月号　従業員満足は戦略である

雑誌」ダイヤモンド社、2018年

真野俊樹著『経営学の視点から考える患者さんの満足度UP-患者満足度追求のわな』南山堂、2010年

第4章

内閣府『令和元年版 高齢社会白書』、2019年

塚本健三著『患者に医療を取り戻せ 増補新版 相澤孝夫の病院改革』信濃毎日新聞社、2018年

小松本悟著『いまさら聞けない病院経営』産労総合研究所、2019年

真野俊樹著『医療マーケティング 第3版』日本評論社、2019年

近藤隆雄著『新版 サービスマネジメント入門』生産性出版、2004年

近藤隆雄著『サービスマーケティング』生産性出版、2010年

廣田祥司著『メディカルマーケティング』日軽BPコンサルティング、2010年

横山隆治著『トリプルメディアマーケティング』インプレスジャパン、2010年

山田隆司、大塚光宏、有田円香著『今すぐできる！ 患者が集まる病院広報戦略』日本医療企画、2013年

五十嵐寛著『メディアリレーションズ』産業編集センター、2011年

藤岡成友著『患者が集まる宣伝術』幻冬舎メディアコンサルティング、2014年

尾関謙一郎著『メディアと広報』宣伝会議、2007年

清水正道監修『戦略思考の広報マネジメント』日経BPコンサルティング、2015年

辻 哲夫監修、田城孝雄、内田 要編『まちづくりとしての地域包括ケアシステム：持続可能な地域共生社会をめざして』東京大学出版会、2017年

辻 哲夫監修『医療・介護・福祉の地域ネットワークづくり事例集 (わがまちのササエさんとマモルくん)』素朴社、2018年

第5章

田中 洋著『ブランド戦略論』有斐閣、2017年

デービッド・アーカー著、阿久津聡訳『ブランド論―無形の差別化を作る20の基本原則』ダイヤモンド社、2014年

真野俊樹著『医療マネジメント』日本評論社、2004年

第6章

博報堂DYグループ　エンゲージメント研究会著『「自分ごと」だと人は動く──情報がスルーされる時代のマーケティング』ダイヤモンド社、2009年

石井研二著『新版アクセス解析の教科書』翔泳社、2009年

ジェラルド・ザルトマン著『心脳マーケティング　顧客の無意識を解き明かす』ダイヤモンド社、2005年

『月刊広報会議』宣伝会議

株式会社ニューズ・ツー・ユー著、神原弥奈子監修『ウェーブPR力』翔泳社、2010年

真野俊樹著『医療マーケティング 第3版』日本評論社、2019年

真野俊樹著『医療危機─高齢社会とイノベーション』中央公論新社、2017年

第7章

厚生労働省「地域医療構想について」
https://www.mhlw.go.jp/content/10800000/000516866.pdf

国立がん研究センター「がん情報サービス」https://ganjoho.jp/reg_stat/index.html

厚生労働省「死亡の場所別にみた年次別死亡数」
https://www.e-stat.go.jp/stat-search/files?page=1&layout=datalist&toukei=00450011&kikan=00450&tstat=000001028897&cycle=7&year=20180&month=0&tclass1=000001053058&tclass2=000001053061&tclass3=000001053065&stat_infid=000031883927&cycle_facet=tclass1%3Atclass2%3Acycle

厚生労働省「平成28年度病床機能報告の結果について」
https://www.mhlw.go.jp/file/05-Shingikai-10801000-Iseikyoku-Soumuka/0000164336.pdf

厚生労働省「平成28年(2016年)医師・歯科医師・薬剤師調査の概況」
https://www.mhlw.go.jp/toukei/saikin/hw/ishi/16/dl/gaikyo.pdf

索　引

［数字・アルファベット］

2040年の医療体制・・・・・・・・・・・・・・・・・・143

3Ｃ・・・・・・・・・・・・・・・・・・・・・・・・・・・・・・・9

3Ｃ分析・・・・・・・・・・・・・・・・・・・・・ 7, 9

4Ｃ・・・・・・・・・・・・・・・・・・・・・・・ 8, 19

4Ｐ・・・・・・・・・・・・・・・・・・・・・・・ 8, 19

6Ｒ・・・・・・・・・・・・・・・・・・・・・・・・・・17

AIDMA・・・・・・・・・・・・・・・・・・ 22, 129

AISAS・・・・・・・・・・・・・・・・・・ 22, 129

AISCEAS・・・・・・・・・・・・・・・・・・・・・22

AMTUL・・・・・・・・・・・・・・・・・・・・・・・22

CS（Customer Satisfaction）・・・・・・・・68

CSR・・・・・・・・・・・・・・・・・・・・・・・・・・3

DECAX・・・・・・・・・・・・・・・・・・・・・・23

DPC・・・・・・・・・・・・・・・・・・・・・・・・・92

ES（Employee Satisfaction）・・・・・・・・68

IT（Information Technology）・・・・・・・124

ITマーケティング・・・・・・・・・・・・・・・・・132

MECE（Mutually Exclusive, Collectively
　　Exhaustive）・・・・・・・・・・・・・・・・・・6

Personal Health Record（PHR）・・・・・・126

PEST分析・・・・・・・・・・・・・・・・・・・・・10

SWOT分析・・・・・・・・・・・・・ 7, 13, 15, 152

［あ］

アクション計画・・・・・・・・・・・・・・・・・・・・24

［か］

回転率・・・・・・・・・・・・・・・・・・・・・・・ 92, 126

稼働率・・・・・・・・・・・・・・・・・・・・・・・ 92, 126

患者満足度・・・・・・・・・・・ 33, 49, 68, 71, 79

患者満足度調査・・・・・・・・・・・・・・・・・ 33, 49

［き］

キュア・・・・・・・・・・・・・・・・・・・・・・・・・・140

急性期病院・・・・・・・・・・・・ 53, 92, 95, 141

勤続意欲・・・・・・・・・・・・・・・・・ 38, 41, 43

［け］

ケア・・・・・・・・・・・・・・・・・・・・・・・・・・140

［こ］

行動変数・・・・・・・・・・・・・・・・・・・・・・・・16

顧客満足度・・・・・・・・・・・・・・・・・・・ 54, 68

［さ］

サービス・プロフィット・チェーン・・・・32

サービスマネジメント・・・・・・・・・・・ 90, 96

［し］

シームレス・・・・・・・・・・・・・・・・・・ 97, 126

実行計画・・・・・・・・・・・・・・・・・・・・・ 8, 24

従業員満足度・・・・・・・・・・・・・・・・・・・・68

紹介率・・・・・・・・・・・・・・・・・・・・・・・・・・68

情報の非対称性・・・・・・・・・・・ 11, 53, 95, 96

職員満足度・・・ 33, 41, 44, 46, 68, 70, 73, 79

職員満足度調査・・・・・・・・・・・・・・・・・ 33, 37

職場推奨意向・・・・・・・・・・・・・・・ 38, 41, 43

人口動態変数（デモグラフィック変数）
・・・・・・・・・・・・・・・・・・・・・・・・・16

心理的変数（サイコグラフィック変数）
・・・・・・・・・・・・・・・・・・・・・・・・・16

【せ】

セグメンテーション・・・・・・・・・・・・・ 7, 16

【そ】

総合満足度・・・・・・・・・・・・・・ 38, 50, 76, 81

【た】

ターゲティング・・・・・・・・・・・・・・・・ 7, 16

【ち】

地域ブランド・・・・・・・・・・・・ 105, 112, 113

地域包括ケアシステム・・・・・・・・・ 90, 142

地域連携・・・・・・・・・・・・・・・ 90, 96, 125

地理的変数（ジオグラフィック変数）・・・16

【と】

トータルマネジメント・・・・・・・・・・・・・141

【ね】

ネット戦略ツール・・・・・・・・・・・・・・・124

【は】

バリューチェーン分析・・・・・・・・・・・・・12

【ひ】

ピーター・ドラッカー・・・・・・・・・・・・・61

【ふ】

ファイブフォース・・・・・・・・・・・・・・・・10

ブランド・・・・・・・・・・ 22, 51, 104, 106, 109,
112, 114, 116, 128, 133

ブランドスイッチ・・・・・・・・・・・・・・・・51

フレームワーク・・・・・・・・・・ 6, 10, 17, 19

【へ】

ヘスケット教授・・・・・・・・・・・・・・・・・32

ベンチマーク分析・・・・・・・・・・・・・ 12, 41

【ほ】

ホームページ・・・・・・・・ 109, 125, 128, 133

ポジショニング・・・・・・・・・・・・・・・ 7, 18

ポジショニング・マップ・・・・・・・・・・・・18

【ま】

マーケティング
・・・・・・ 2, 6, 16, 19, 24, 104, 124, 129, 132

マーケティング・ミックス・・・・・・ 7, 17, 19

マーケティング戦略・・・・・・・・・・・・・ 6, 17

マイケル・E・ポーター ・・・・・・・・・ 10, 12

満足度調査・・・・・・・・・・・・ 32, 37, 49, 77, 82

【め】

メイヨークリニック・・・・・・・・・・・・・・・132

【り】

リピート患者・・・・・・・・・・・・・・・・・・・71

リピート率・・・・・・・・・・・・・・・・・・・・68

編者・著者

真野　俊樹 （まの・としき）
（第3章、第5章、第6章第1節、第4節）

中央大学大学院戦略経営研究科教授、多摩大学大学院特任教授、医師、医学博士、経済学博士、総合内科専門医、日本医師会認定産業医、MBA。

1987年名古屋大学医学部卒業。臨床医、製薬企業のマネジメントを経て、中央大学大学院戦略経営研究科教授、多摩大学大学院特任教授、厚生労働省独立行政法人評価に関する有識者会議 WG 構成員（座長）、公益法人日本生産性本部日本版医療MB賞クオリティクラブ（JHQC）運営委員長、株式会社セルシード倫理委員会委員長、一般社団法人日本医療教育財団JMIP認証委員会副委員長、一般社団法人中部メディカルトラベル協会顧問、一般社団法人日本医療経営実践協会参与、北大認定ベンチャーミルウス監査役など兼務。出版・講演も多く、医療・介護業界にマネジメントやイノベーションの視点で改革を考えている。

著者

薄井　信将 （うすい・のぶまさ）
（第1章）

多摩大学 医療・介護ソリューション研究所フェロー

大阪大学理学部で応用数学を専攻後、大手経営コンサルティング会社にて官公庁、サービス業、製造業等の戦略・実行支援に従事。医療部門の分社化に伴い転籍し、大手製薬企業のデジタルマーケティング支援、業界指標の開発・運用、各種マーケティングリサーチ、医療関係者向けの研究会の立ち上げ・企画・学術大会運営を担当。システム開発会社でCRMシステムの構築や新規サービスの開発に従事。医療系メディアではリサーチ事業の再構築や新規事業開発を担当。その後、地域基幹病院における共同購入の支援や電子カルテデータ等によるリアルワールドデータの利活用事業を主導。現在はヘルスケア業界においてデジタルトランスフォーメーションの推進を支援。

加藤　良平 （かとう・りょうへい）
（第2章）

株式会社ケアレビュー代表取締役

1987年、一橋大学経済学部卒業。大手都市銀行でコーポレートファイナンスや経営企画を担当。その後、ITベンチャーや上場企業の経営企画責任者を経て、大手医療法人の本部企画室長として急性期病院の経営改革を実践。2004年、株式会社ケアレビューを創業。一橋大学・東京医科歯科大学非常勤講師（医療産業論）。

著者

山田　隆司（やまだ・たかし）
（第4章、第6章第2節、第3節）
多摩大学医療・介護ソリューション研究所フェロー
1972年東京医学技術学校卒業。国家公務員共済組合連合会虎の
門病院臨床検査部、実験動物センター、臨床診断薬会社勤務の後、
1990年医療法人鉄蕉会亀田総合病院、亀田総合病院幕張クリニッ
クを経て2006年社会医療法人敬和会大分岡病院勤務、2011年
より広報顧問など務める。現在、多摩大学医療介護ソリューション
研究所フェロー、NPO法人メディカルコンソーシアムネットワー
ク理事長、全国病院広報実務者会議代表、病院広報誌編集会議代表、
日本医療経営実践協会参与、DPCマネジメント研究会理事など。
著書に『今すぐできる！ 患者が集まる病院広報戦略』（日本医療企
画）。

水谷　一夫（みずたに・かずお）
（第7章）
鎌ヶ谷総合病院
名古屋大学医学部卒業。名古屋大学医学部で博士号、ビジネス・ブ
レイクスルー大学院大学でMBA、University of Southern
CaliforniaでMMM（Master of medical Management）取得。
小牧市民病院泌尿器科医師、名古屋大学医学部泌尿器科医師を経て
1999年よりUniversity of Southern Californiaなどで研究員
として米国で研究活動を行う。2008年に帰国し、名古屋大学医学
部、東京女子医科大学東医療センターを経て現在、鎌ヶ谷総合病院
で泌尿器科医師として勤務。多摩大学医療・介護ソリューション研
究所フェロー。

執筆協力

吉田　英司　／　斎藤　実　／　松井　匠作

NOTE

NOTE

医療経営士●中級【一般講座】テキスト3［第2版］

医療マーケティングと地域医療——患者を顧客としてとらえられるか

2020年8月7日　第2版第1刷発行

編　　著　真野　俊樹
発 行 人　林　　諄
発 行 所　株式会社 日本医療企画
　　　　　〒104-0032　東京都中央区八丁堀3−20−5 S-GATE八丁堀
　　　　　TEL 03-3553-2861（代）　http://www.jmp.co.jp
　　　　　「医療経営士」専用ページ　http://www.jmp.co.jp/mm/
印 刷 所　図書印刷 株式会社

『医療経営士テキストシリーズ』全40巻

▌初　級・全8巻

（1）医療経営史──医療の起源から巨大病院の出現まで［第3版］

（2）日本の医療政策と地域医療システム──医療制度の基礎知識と最新動向［第4版］

（3）日本の医療関連法規──その歴史と基礎知識［第4版］

（4）病院の仕組み／各種団体、学会の成り立ち──内部構造と外部環境の基礎知識［第3版］

（5）診療科目の歴史と医療技術の進歩──医療の細分化による専門医の誕生、総合医・一般医の役割［第3版］

（6）日本の医療関連サービス──病院を取り巻く医療産業の状況［第3版］

（7）患者と医療サービス──患者視点の医療とは［第3版］

（8）医療倫理／臨床倫理──医療人としての基礎知識

▌中　級［一般講座］・全10巻

（1）医療経営概論──病院経営に必要な基本要素とは［第2版］

（2）経営理念・経営ビジョン／経営戦略──戦略を実行するための組織経営

（3）医療マーケティングと地域医療──患者を顧客としてとらえられるか［第2版］

（4）医療ICTシステム──ヘルスデータの戦略的活用と地域包括ケアの推進［第2版］

（5）組織管理／組織改革──改革こそが経営だ！

（6）人的資源管理──ヒトは経営の根幹［第2版］

（7）事務管理／物品管理──コスト意識を持っているか？［第2版］

（8）病院会計──財務会計と管理会計

（9）病院ファイナンス──資金調達の手法と実務

（10）医療法務／医療の安全管理──訴訟になる前に知っておくべきこと［第2版］

▌中　級［専門講座］・全9巻

（1）診療報酬制度と医業収益──病院機能別に考察する戦略的経営［第5版］

（2）広報・広告／ブランディング──集患力をアップさせるために

（3）管理会計の体系的理解とその実践──原価計算の手法から原価情報の活用まで

（4）医療・介護の連携──これからの病院経営のスタイルは複合型［第4版］

（5）経営手法の進化と多様化──課題・問題解決力を身につけよう

（6）多職種連携とシステム科学──異界越境のすすめ

（7）業務改革──病院活性化のための効果的手法

（8）チーム医療と現場力──強い組織と人材をつくる病院風土改革

（9）医療サービスの多様化と実践──患者は何を求めているのか［第2版］

▌上　級・全13巻

（1）病院経営戦略論──経営手法の多様化と戦略実行にあたって

（2）バランスト・スコアカード──その理論と実践

（3）クリニカルパス／地域医療連携──医療資源の有効活用による医療の質向上と効率化

（4）医工連携──最新動向と将来展望

（5）医療ガバナンス──医療機関のガバナンス構築を目指して

（6）医療品質経営──患者中心医療の意義と方法論

（7）医療情報セキュリティマネジメントシステム（ISMS）

（8）医療事故とクライシスマネジメント──基本概念の理解から危機的状況の打開まで

（9）DPCによる戦略的病院経営──急性期病院経営に求められるDPC活用術

（10）経営形態──その種類と選択術

（11）医療コミュニケーション──医療従事者と患者の信頼関係構築

（12）保険外診療／附帯事業──自由診療と医療関連ビジネス

（13）介護経営──介護事業成功への道しるべ

※タイトル等は一部予告なく変更する可能性がございます。